Contents

	Page
Introduction	4
Units 1–3	
Masculine and feminine	
Using *mon*, *ma*, *mes*	
Using *ton*, *ta*, *tes*	
Unit 4	
Using adjectives – singular	8
Using *tu* or *vous*	9
Asking questions (1) – using *Est-ce que* . . . ?	10
Asking questions (2) – using question words	11
Asking questions (3) – using question words	12
Unit 5	
Using the verb *être* – to be	13
Singular and plural – nouns and adjectives	14
Using the verb *avoir* – to have (1)	15
Using the verb *avoir* – to have (2)	16
Unit 6	
Regular *-er* verbs – singular (1)	17
Regular *-er* verbs – singular (2)	18
Regular *-er* verbs – singular (3)	19
Regular *-er* verbs – singular and plural (1)	20
Regular *-er* verbs – singular and plural (2)	21
Unit 7	
Using *au, à la, à l', aux* (1)	22
Using *au, à la, à l', aux* (2)	23
Using the verb *aller* – to go (1)	24
Using the verb *aller* – to go (2)	25
Using prepositions (1)	26
Using prepositions (2)	27
Unit 8	
Telling the time (1)	28
Telling the time (2)	29
More practice of *mon, ma, mes/ton, ta, tes* (1)	30
More practice of *mon, ma, mes/ton, ta, tes* (2)	31
The possessive adjectives *son, sa, ses*	32
Using *notre/nos, votre/vos, leur/leurs* (1)	33
Using *notre/nos, votre/vos, leur/leurs* (2)	34
Unit 9	
Using *du, de la, de l', des* (1)	35
Using *du, de la, de l', des* (2)	36
Using the verb *prendre* – to take (1)	37
Using the verb *prendre* – to take (2)	38
The verbs *manger* and *commencer*	39
The negative (1)	40
The negative (2)	41
Verbs followed by an infinitive	42
Unit 10	
Using the verb *faire* – to do, to make	43
Using *jouer à* and *jouer de* – to play (1)	44
Using *jouer à* and *jouer de* – to play (2)	45
The 24-hour clock	46
Using regular and irregular verbs	47
Recognising the past tense (1)	48
Recognising the past tense (2)	49
Grammaire	50

Introduction

If you understand the grammatical rules or patterns of a language, it's a real short cut towards learning the language. It will save you having to learn each word or phrase separately.

By working through the **Grammar in Action** series, you will practise many of the basic points of French grammar. This will be a great help to you in understanding and using the French language.

How to use this book

At the top of each page you will see some references, like these:

G 7.2 This tells you where you can find an explanation of the grammar point in the *Grammaire* section at the end of the book.

Before beginning each task, look at the instruction and the example first.

Some pages start with a section called *Complète le résumé*. This is a short summary of the grammar point that you will be practising. You could try this before looking up the rule and when you have done it, check that your answers are correct before you carry on.

Useful definitions

Some technical terms are used in the books and these are explained below. Have a quick look through this now and then refer back to it, if you need to, as you work through the book.

Nouns (*des noms*)
A noun is the name of someone or something or the word for a thing, e.g. Ben, Miss Smith, a box, a pencil, laughter.

Masculine and feminine (*masculin et féminin*)
All nouns in French are either masculine or feminine. (This is called their **gender**.) The **article** (word for 'a' or 'the') will usually tell you the gender of a noun.

	masculine	feminine
a/an	un	une
the	le	la

Singular and plural (*le singulier et le pluriel*)
A singular noun means that there is only one thing or person. In English, 'cat', 'teacher', 'idea' and 'table' are all nouns in the singular. Similarly in French, *le chat*, *le professeur*, *l'idée* and *la table* are all singular nouns. A plural noun means that there is more than one thing or person. For example, 'students', 'books', 'shops' are all plural nouns in English, just as *les étudiants*, *les livres* and *les magasins* are all plural nouns in French.

Adjectives (*des adjectifs*)
Adjectives are words which tell you more about a noun and they are often called 'describing words'.

In the sentence 'Néron is a large, very fierce, black and white dog' (*Néron est un grand chien noir et blanc et très méchant*), the words big (*grand*), fierce (*méchant*), black (*noir*) and white (*blanc*) are adjectives. In French, adjectives agree with the noun. That is, they are masculine, feminine, singular or plural to match the noun they describe.

Verbs (*des verbes*)
Every sentence contains at least one verb. Most verbs describe what things or people are doing (but the verb 'to be' also counts as a verb), e.g. he buys (*il achète*), I am (*je suis*), she plays (*elle joue*).

Sometimes verbs describe the state of things, e.g.

Il fait beau.	The weather is fine.
J'ai deux frères.	I have two brothers.

Verbs in French have different endings depending on the person (I, you, he, she, etc.).

Infinitive (*l'infinitif*)
This is the form of the verb which you would find in a dictionary. It means 'to ...', e.g. 'to play' (*jouer*). The infinitive never changes its form.

Prepositions (*des prépositions*)
A preposition is a word like 'to', 'at', 'from', 'in' (*à, de, dans*). It often tells you something about where a thing or a person is.

Instructions
Complète ...
Complete the ...

les bulles	*les phrases*	*le résumé*	*le tableau*
bubbles	sentences	summary	table

... avec un mot de la case
... with a word from the box

Fais des listes	Make lists
Lis ...	Read ...
Remplis les blancs	Fill the gaps
Souligne les mots	Underline the words
Trouve les paires	Find the pairs
Utilise ...	Use ...

G 1.1

1 Complète le tableau

	masculine	feminine	before a vowel
Exemple: the	le		
a/an			
he			
she			

2 À la maison
Souligne les mots féminins.
Exemple: la télévision

1 la cuisine
2 le salon
3 la salle à manger
4 la salle de bains
5 la chambre
6 le jardin
7 un lit
8 une table
9 une chaise
10 le garage
11 une fenêtre
12 un portable

3 En ville... au village
Souligne les mots masculins.
Exemple: le cinéma

1 la ferme
2 un jardin
3 un café
4 la montagne
5 une maison
6 la porte
7 le village
8 la ville
9 un appartement
10 une île
11 un port
12 un garage

4 Fais des listes

	le	la	l'
Exemple:	le père	la sœur	l'ami

amie   demi-frère
demi-sœur   cousin
~~père~~   ~~sœur~~
cousine   enfant
femme   fils   fille
garçon   grand-père
grand-mère
homme   ~~ami~~
mère

5 Ça commence par l'

Pour t'aider: If a noun is shown with *l'*, e.g. *l'ordinateur*, you may need to find out whether it is masculine or feminine. To do this, look it up in the vocabulary section of your textbook or in a dictionary. The word will either be listed with *un* or *une*, or it will be followed by m or f.

nom	m ou f	anglais	nom	m ou f	anglais
Exemple: l'ordinateur	m	computer			
1 l'an			6 l'idée		
2 l'animal			7 l'instrument		
3 l'école			8 l'oiseau		
4 l'éléphant			9 l'orange		
5 l'erreur			10 l'uniforme		

G 4.1

1 Complète le résumé

In French there are .... words for 'my' – *mon*, *ma* or *mes*.

masculine (*un/le*)	feminine (*une/la*)	before a vowel (*un/une/l'*)	plural (*les*)
mon frère	ma sœur	mon ami	mes ami
.... crayon	.... guitare	.... amie	.... livres

Decide which word to use by looking at the noun which follows 'my', not the owner, e.g.

    masculine   **feminine**   **before a vowel**   **plural**

Voici *mon* lapin*, *ma* souris, *mon* oiseau** et *mes* poissons***.

Voici .... lapin, ... souris, ... oiseau et .... poissons.

- * *un lapin* a rabbit
- ** *un oiseau* a bird
- *** *un poisson* a fish

2 Complète le tableau

	a/some	the	my
Exemple:	un chien	le chien	mon chien
1	un chat	.... chat	.... chat
2	une tablette	.... tablette	.... tablette
3	.... calculatrice	la calculatrice	.... calculatrice
4	des amis	.... amis	.... amis
5	.... animaux	les animaux	.... animaux
6	un anniversaire	l'anniversaire	.... anniversaire
7	des surligneurs	.... surligneurs	.... surligneurs
8	.... vélo	.... vélo	.... vélo

3 Qu'est-ce qu'il y a dans ton cartable?

You are packing for school – but you can't get everything in your school bag. You decide to take only the things which begin (in French) with:

'c' (4 things); 'g' (1 thing); 't' (3 things).

List what you take.

Exemple: 1 *mes cahiers,*

G 4.1

1 Complète le résumé

Ton, *ta* and *tes* are the three French words for 'your', if you are speaking to someone you would normally call *tu*. They work just like *mon*, *ma* or *mes* ('my').

masculine (*un/le*)	feminine (*une/la*)	before a vowel (*une/l'*)	plural (*les*)
ton frère	ta sœur	ton ami	tes amis
.... crayon	.... guitare	.... amie	.... cahiers

Remember, you decide which word to use by looking at the noun which follows 'your' not the owner, e.g.

masculine	feminine	before a vowel	plural

J'aime *ton* lapin, et *ta* souris, et j'adore *ton* oiseau et *tes* poissons.

J'aime t............ lapin, et j'aime beaucoup t............ souris, mais je préfère t............ oiseau et t............ poissons.

2 Complète le tableau

	the	my	your
Exemple:	le smartphone	mon smartphone	*ton* smartphone
1	.... chambre	ma chambre	.... chambre
2	le lit	.... lit	.... lit
3	.... chaise	ma chaise	.... chaise
4	les affaires	.... affaires	.... affaires
5	.... animaux	mes animaux	.... animaux
6	l'affiche* (f)	mon affiche	.... affiche
7	.... maison	ma maison	.... maison
8	la tarentule**	.... tarentule	.... tarentule

*une affiche a poster **une tarentule a tarantula spider

3 Thomas travaille (?)

Tu as toutes *tes* affaires, Thomas? Tu as (1) t............ trousse (f) avec (2) t............ crayons, (3) t............ stylo (m), et (4) t............ gomme (f)? Tu as (5) t............ taille-crayon (m), (6) t............ calculatrice (f) et (7) t............ classeur (m)? Tu es sûr que tu as (8) t............ livres?

Bien sûr, Maman. Maintenant, je vais travailler.

G 2.1, 2.2

1 Complète le tableau

anglais	(masc.)	français	(fém.)
Most adjectives add an **-e** for the feminine form.			
blue	bleu		bleue
brown	brun		
grey			grise
black			noire
green	vert		
tall, big	grand		
small			petite
naughty, fierce	méchant		
Adjectives which already end in **-e** have the same form in the feminine.			
yellow	jaune		
red			
enormous	énorme		
Sometimes the feminine form is slightly different.			
white	blanc		blanche
sweet, cute			mignonne
big (for animal, object), fat			grosse

2 Complète les phrases

a Les chiens et les chats

Exemple: Télé est un *petit* chien. *(small)*

1 Il est .... *(black)*
2 Blanco est un chat .... *(white)*
3 Il est .... *(sweet)*
4 Géant est un chat .... *(enormous)*
5 Il est .... *(grey)*
6 Néron est un .... chien. *(big)*
7 Il est .... et .... *(black, white)*
8 Et il est .... *(fierce)*

b Les souris et les perruches

1 Minnie est une souris .... *(white)*
2 Elle est .... *(small)*
3 Hortense est une souris .... *(enormous)*
4 Elle est .... *(grey)*
5 Agathe est une .... perruche. *(small)*
6 Elle est .... et elle est .... *(green, sweet)*
7 Annie est une .... perruche. *(big)*

3 Toutes les couleurs

Complète les phrases.

Exemple: une calculatrice *blanche* *(white)*

1 une gomme .... *(green)*
2 un cartable .... *(blue)*
3 un stylo .... *(red)*
4 une trousse .... *(yellow)*
5 un crayon .... *(white)*
6 un taille-crayon .... *(black)*
7 une règle .... *(grey)*
8 une boîte .... *(blue)*
9 un classeur .... et .... *(blue, red)*
10 un sac .... et .... *(green, yellow)*

4 Animaux perdus

Complète les descriptions.

a Avez-vous vu* notre lapin?
   Il est ....

b Avez-vous vu notre chatte?
   Elle est ....

* *Avez-vous vu* Have you seen

G 11

1 Complète le résumé

Use *tu*:

- for a (1) _friend_ or close relative;
- for someone your own age or (2) ....; for an (3) ....

Use *vous*:

- for (4) .... or more people; for an (5) .... person.

[animal ~~friend~~ older
  two   younger]

2 En classe

Lis les phrases. Si le prof parle à <u>un</u> élève, écris '1'. Si le prof parle à toute la classe, écris '2'.

Exemple: Travaillez en groupes. _2_   Lis la question. _1_

1 Asseyez-vous. ....
2 Ouvrez les livres. ....
3 Donne-moi ça. ....
4 Écoutez bien. ....
5 Essuie le tableau. ....
6 Viens ici. ....
7 Distribue les cahiers. ....
8 Répondez aux questions. ....
9 Copiez les mots. ....
10 Écris ton nom. ....

3 Trouve les paires

Draw lines to join each question with the correct answer.

Exemple: You're calling the dog. — c

1 You're calling the cat.
2 You ask your teacher if s/he likes sport.
3 You ask your friend if s/he likes sport.
4 You ask an old lady if she has a pet.
5 You ask your friend's brother if he has a pet.
6 You tell your friends to come to where you are.
7 You ask several friends which colour they prefer.
8 You ask your best friend which colour s/he likes best.

a Est-ce que tu as un animal?
b Est-ce que vous avez un animal?
c Viens ici.
d Venez ici.
e Est-ce que tu aimes le sport?
f Est-ce que vous aimez le sport?
g Tu préfères quelle couleur?
h Vous préférez quelle couleur?
i Viens, vite Minou.

4 Complète les bulles

Exemple: Tu habites à Paris? / J'aime Paris

1 h.................. à Paris?

2 Est-ce que .... a .... la musique?

3 Est-ce que .... a .... les chiens?

4 p.................. quel sport?

5 p.................. quel sport?

unité 4 Using *tu* or *vous*

G 8.2

1 Complète le tableau

- There are several ways of asking questions in French, including just (1) ...*raising*... your voice at the end of a (2) ....
- Often you can add *Est-ce que* to the (3) .... of a sentence to change it into a question.
- Remember to change this to *Est-ce qu'* if the next word begins with a (4) ....

| beginning | ~~raising~~ |
| sentence | vowel |

2 C'est une question?

Write a question mark after each question below. (Not all of them are questions!)

Exemple:
Est-ce que tu as un chat ...?...
Oui, j'ai un chat ......

1 Est-ce que tu as un animal à la maison ....
2 Oui, j'ai deux animaux, un chat et un lapin ....
3 Ma famille adore les animaux ....
4 Est-ce que vous aimez les chiens ....
5 Est-ce que tu préfères les chiens ou les chats ....
6 Est-ce que tu aimes écouter de la musique ....
7 Est-ce que tu préfères écouter de la musique ou regarder la télévision ....
8 Moi, je préfère la musique ....

3 Questions et réponses

Draw lines to join each question with the correct answer.

Exemple:
Est-ce que Sanjay joue de la guitare? — *d*

1 Est-ce que Marseille est une grande ville?
2 Est-ce que vous avez un jardin chez vous?
3 Est-ce que tu as des affiches dans ta chambre?
4 Est-ce que tu aimes le sport?
5 Est-ce qu'il y a un café près d'ici?
6 Est-ce que ta grand-mère habite avec ta famille?
7 Est-ce que nous sommes lundi aujourd'hui?
8 Est-ce qu'il y a un match contre Saint-Étienne samedi?

a Non, elle habite dans un appartement.
b Non, nous sommes mardi aujourd'hui.
c Oui, il y a un petit jardin derrière la maison.
d Oui, il joue de la guitare.
e Oui, j'ai une affiche de mon groupe favori.
f Oui, c'est est une grande ville.
g Non, je n'aime pas beaucoup ça.
h Oui, il y a un match samedi après-midi.
i Oui, il y a un café près d'ici.

4 Change ces phrases en questions

*Utilise **Est-ce que (qu')** – l'expression magique!*

Exemple:
Luc aime les jeux vidéo.   *Est-ce que Luc aime les jeux vidéo?*

1 Tu habites dans une grande ville.

2 Luc a des frères ou des sœurs.

3 Ta maison est assez grande.

4 Il y a un centre sportif dans ta ville.

5 Vous aimez le sport.

6 Tu as des photos de ta famille.

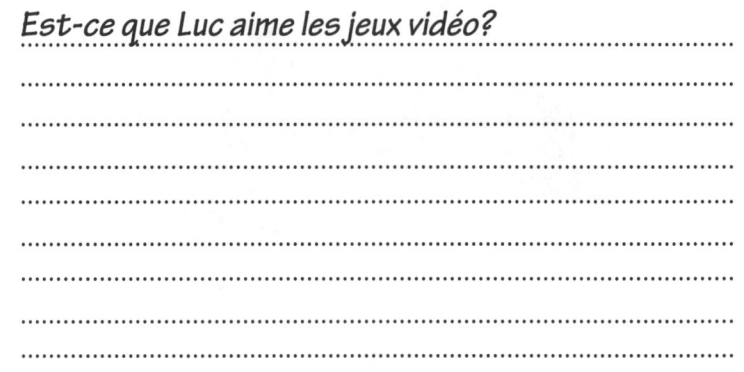

Asking questions (2) – using question words

G 8.1, 8.2

1 Complète le tableau

Question words are a useful way of asking questions, e.g.

1 qui? — *who?*
2 où? — ....
3 quand? — ....
4 qu'est-ce que c'est? — ....
5 combien (de)? — ....
6 comment? — ....
7 de quelle couleur? — ....
8 quel (le)? — ....

| what colour? | where? | how many? | which/what? | what is it? | when? | how?/what like? | ~~who?~~ |

2 C'est une question?

Write a question mark after each question below. (Not all of them are questions!)

Exemple: Qui est-ce **?**   C'est le professeur **.**

1 Qu'est-ce que tu préfères ....
2 Il est noir et blanc ....
3 C'est mercredi aujourd'hui ....
4 Où est mon portable ....
5 Comment ça va ....
6 Qu'est-ce qu'il y a à la télé ....
7 C'est quand, le match ....
8 Il est comment, ton chien ....

3 Trouve la question

Draw lines to join each answer (1–8) with the correct question (a–i).

Exemple: Je m'appelle Loïc. — *i*

1 J'ai douze ans.
2 J'habite dans un appartement à Lille.
3 Il y a un lit, une table et une chaise.
4 Non, mais mon frère a un ordinateur.
5 Oui, j'ai un lapin.
6 Il s'appelle Toto.
7 Il est gris et blanc.
8 Moi, j'adore la musique.

a Quel âge as-tu?
b De quelle couleur est-il?
c Est-ce que tu as un ordinateur?
d Est-ce que tu as un animal à la maison?
e Qui aime la musique?
f Qu'est-ce qu'il y a dans ta chambre?
g Il s'appelle comment?
h Où habites-tu?
i Comment t'appelles-tu?

4 Complète les questions

Choose a question word from the box to complete each question.

Exemple: De ..*quelle*.. couleur est ton smartphone?   Il est vert.

1 – .... est la salle de bains?
  – Elle est près de ma chambre.
2 – Le concert, c'est .... ?
  – C'est le 10 juin.
3 – Il y a .... de chambres dans ton appartement?
  – Trois: la chambre de mes parents, ma chambre et la chambre de mon frère.
4 – .... est le jeune homme sur cette photo?
  – C'est mon cousin, Nicolas.
5 – .... t'appelles-tu?
  – Je m'appelle Camille.
6 – .... jour sommes-nous?
  – C'est lundi aujourd'hui.

| ~~quelle~~ quel |
| qui   comment   quand |
| où   combien |

Asking questions (3) – using question words unité 4

▶ **G** 8.1, 8.2

1 Un message

Imagine that this is your first message to your new French friend. Write some questions you could ask them in your message. You can refer back to pages 10 and 11 for help.

Salut!

Je m'appelle Simon(e) et j'ai douze ans.

You want to find out …
Exemple: … if they're 12 as well.   *Est-ce que tu as douze ans aussi?*

1 … if they have any brothers or sisters   1 *Est-ce que tu as …*

2 … if they have any pets   2

3 … if they like sport   3

4 … if they have a computer   4

5 … how many pupils there are in their class   5

6 … if they prefer cats or dogs   6 *Est-ce que …*

7 … which colour they prefer   7

8 … what there is in their bedroom   8

G 11.13

1 Complète le tableau

être (to be)

je	....	I am	nous	....	we are
tu	....	you (familiar) are	....	êtes	you (plural) are
il	....	he/it is	ils	....	they are
....	....	she/it is	....	sont	they (f) are
on	....	(some) one is/we are			

2 Ma famille

Draw lines to join both parts of each sentence.

Exemple:
Notre famille — *d*

1 Je
2 J'ai treize ans, et mon anniversaire
3 Mon demi-frère Julien a treize ans aussi. Nous
4 Julien
5 Nous avons deux sœurs, Cécile et Marine. Elles
6 Marine
7 Nous avons un chat, Mitzi. Il
8 Il y a aussi trois lapins. Ils

a est ma petite sœur, elle a six ans.
b sommes dans la même classe au collège.
c est noir et blanc.
d est assez grande.
e suis Léa Durand.
f est sportif, il adore le football.
g est le trois mai.
h sont très mignons.
i sont très gentilles.

3 Des lettres pour Mathilde et Chloë!

*Complete this cartoon story by filling each gap with the correct part of the verb **être**.*

FACTEUR   Bonjour, Mademoiselle. Cette lettre *est* pour Mlle Chloë Lionel. Vous (1) .... Mlle Chloë Lionel?

MATHILDE   Non, Monsieur. Moi, je (2) .... Mathilde Lionel.

FACTEUR   Mais cette lettre (3) .... pour Mlle Chloë Lionel. Elle habite ici?

MATHILDE   Bien sûr. C' (4) .... ma sœur. Nous (5) .... jumelles*. Chloë, tu (6) .... là? Il y a une lettre pour toi.

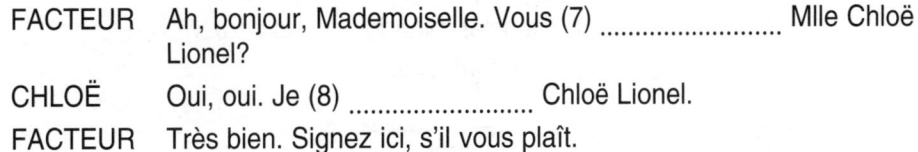

FACTEUR   Ah, bonjour, Mademoiselle. Vous (7) .... Mlle Chloë Lionel?

CHLOË   Oui, oui. Je (8) .... Chloë Lionel.

FACTEUR   Très bien. Signez ici, s'il vous plaît.

CHLOË   Au revoir, Monsieur.

FACTEUR   Attendez, attendez! Il y a d'autres lettres encore.

CHLOË   D'autres lettres pour moi?

FACTEUR   Non, non. Ces lettres (9) .... pour Mlle Mathilde Lionel.

CHLOË   Zut alors. Mathilde, Mathilde! Tu (10) .... toujours là? Il y a des lettres pour toi!

* *jumelles* twins (f pl girl twins)

Singular and plural – nouns and adjectives — unité 5

▶ G 1, 2

1 Complète le tableau

	singulier (only one thing)	**pluriel** (two or more)
	un, une le, la, l'	....
Most words add **-s** to form the plural, e.g.	un livre	....
If the word already ends in **-s**, don't add another, e.g.	une	des souris
A few words have a special plural ending in **-x**, e.g.	un .... un	des oiseaux
Words which describe a plural noun, such as colours, are in the plural form as well.	un sac vert	des sacs ....

2 À la maison
Souligne les mots de la case qui sont au pluriel.

3 Les animaux
Trouve les phrases qui sont au pluriel.

> la porte   des animaux   une liseuse   <u>les chambres</u>   les maisons
> un appartement   la cuisine   des lits   un pantalon   des surligneurs
> une table   des chaussures   les fenêtres   les chaises   une souris

Exemple: *1*, ...

1 Les lapins blancs mangent des carottes.
2 Un petit chien noir chasse un grand chat gris.
3 Les souris détestent les chats.
4 Les oiseaux aiment chanter.
5 Jojo adore le fromage.
6 Mon ami a un grand chien brun.
7 Mes parents adorent les chevaux.
8 Regarde le cheval blanc. Il est magnifique.

4 Alain et Alphonse
Complète les bulles.

Alain

> J'ai . . .
> un lapin noir   un chien méchant
> un grand perroquet   un rat horrible
> un hamster mignon   un serpent vert
> un chat fantastique

Alphonse

> Mais moi, j'ai . . .
> deux *lapins noirs*
> deux *grand perroquets*
> trois *hamster mignon*
> deux *chien méchant*
> deux *chat fantastique*
> cinq *rat horrible*
> six *serpent vert*

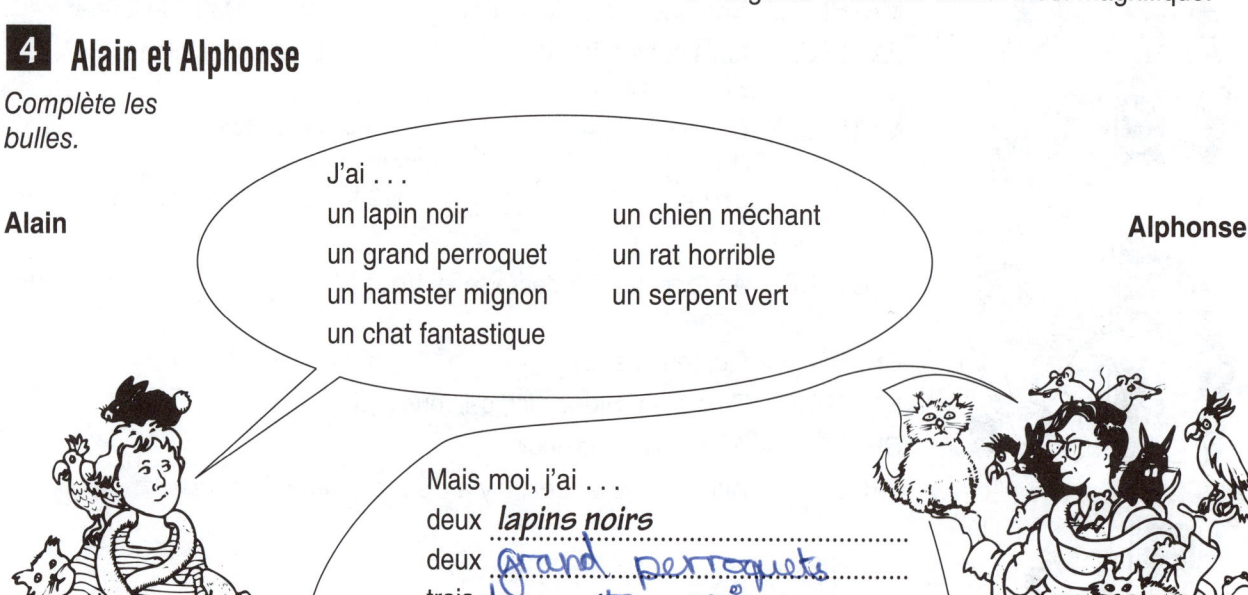

unité 5 Using the verb avoir – to have (1)

▶ **G** 11.13

1 Complète le tableau

avoir (to have)

j'	....	I have
tu	....	you (familiar) have
il	....	he/it has
elle	....	she/it has
on	_a_	(some)one has
nous	....	we have
....	avez	you (plural) have
ils	ont	they ....
....	ont	they (f) have

2 Salut!

Souligne le bon verbe.

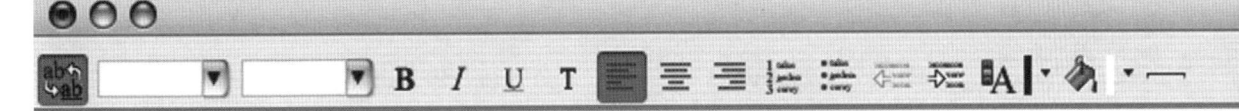

Salut!
Merci de ton message. Tu demandes si nous (Ex.) (<u>avons</u> / avez / as) des animaux à la maison. Oui, nous (1) (avons / as / a) deux chats et un petit oiseau. Il s'appelle Troppo et il (2) (a / as / ont) une cage dans ma chambre.

Est-ce que vous (3) (a / ai / avez) des animaux aussi?

J'adore la musique et dans ma chambre, j' (4) (ont / ai / avons) un lecteur MP3. Ma sœur aînée (5) (ai / as / a) une liseuse et mes frères (6) (ont / a / avons) un ordinateur. Et toi, qu'est-ce que tu (7) (a / as / avez) dans ta chambre?

À bientôt
Laura

3 Un acrostiche

Verticalement

Exemple: Nous ...._avons_.... un grand jardin devant la maison.

Horizontalement

1 J' .... douze ans.
2 Est-ce que vous .... des animaux chez vous?
3 À la maison .... avons deux chats.
4 Et mes petites sœurs, elles .... deux hamsters.
5 Tu .... des frères ou des sœurs, toi?

1	A	
2	V	
3	O	
4	N	
5	S	

Using the verb *avoir* – to have (2)

G 11.13

1 Qu'est-ce qu'on dit?

Complete the captions with the correct part of the verb **avoir**.

Exemple: Combien de frères <u>as-tu?</u>

1 Combien de sœurs .... -tu?

2 Est-ce que Lucas .... un chien?

3 Quel âge .... -t-elle?

4 .... -vous des bananes?

5 Est-ce que vous .... des œufs de Pâques?

6 Oui, nous .... beaucoup d'œufs de Pâques.

7 Regarde, j'............... un œuf en chocolat pour toi.

8 Maintenant ils .... tous des œufs de Pâques.

2 Un jeu de logique

a *Complète les phrases avec la bonne forme du verbe avoir.*
b *Qui parle – un garçon (G) ou une fille (F)?*

Exemple: J' <u>ai</u> un frère – nous sommes jumeaux* identiques**.   <u>G</u>

1 Mes parents n'............... pas de fils et j'............... deux sœurs.   ....
2 Mon père .... seulement un fils; c'est moi!   ....
3 J'............... un frère. Mon frère n'............... pas de sœur.   ....
4 J'............... une sœur, Manon – nous sommes jumelles***.   ....
5 Dans notre famille, nous n'............... pas de fille.   ....
6 Mon frère Théo n'............... pas de frère.   ....
7 Mes deux sœurs .... un frère. Moi, j'............... deux sœurs.   ....

* *des jumeaux* twins (two boys or a boy and a girl)

** identical twins must both be of the same sex.

*** *des jumelles* twins (both girls)

unité 6 Regular -er verbs – singular (1)

▶ G 11

1 Complète le résumé

a *Complète les phrases avec un mot de la case.*

1 Every sentence contains at least one **verb**
2 Verbs usually tell you:
   a what someone (1) ....
   or
   b what (2) ....
3 The part of the verb that you find in a dictionary is called the (3) ....
   It means 'to do something', e.g. 'to play'.
4 Often verbs have different (4) .... according to the person or thing that the verb is talking about.

| endings | is happening |
| infinitive | ~~verb~~ | is doing |

b *Complète le verbe.*
travailler (to work)

je	*travaille*	I work, am working	elle	....	she/it works, is working
tu	....	you work, are working	Pierre	....	Pierre works, is working
il	....	he/it works, is working	Nicole	....	Nicole works, is working

2 Une conversation

Souligne les verbes.

– Moi, j'<u>adore</u> le sport. Je joue au tennis, au badminton et au golf et je regarde tous les matchs à la télévision. Et toi, tu aimes le sport?

– Non, je déteste le sport. Je préfère la musique. Je joue de la trompette et j'écoute souvent des concerts à la radio.

3 On cherche un(e) correspondant(e)

a *Souligne le bon mot.*

Théo

Exemple: J'(<u>habite</u> / habites / habitent) au Canada.

1 J'(adores / adore / adorons) le sport.
2 Je (jouez / jouent / joue) au badminton.
3 Je (regarde / regardes / regardez) beaucoup de sport à la télé.
4 Je (cherche / cherches / cherchent) un correspondant français.

Laura

5 Tu (habite / habites / habitez) en France?
6 Tu (aimes / aime / aimons) le sport et la musique?
7 Tu (parle / parles / parlez) français?
8 Tu (cherche / cherches / cherchent) une correspondante française? Alors, écris-moi!

b *Complète les phrases.*

Lucas

Exemple: Il *parle* français. (parler)

1 Il .... en Belgique. (habiter)
2 Il .... la musique. (adorer)
3 Il .... du piano. (jouer)
4 Il .... un correspondant anglais. (chercher)

Manon

5 Elle .... les animaux. (aimer)
6 Elle .... au golf. (jouer)
7 Elle .... le football. (détester)
8 Elle .... français et anglais. (parler)

Regular -er verbs – singular (2) — unité 6

Pour t'aider: Remember, after a person's name, use the part of the verb which goes with *il* or *elle*, for example: *Hassan regarde un livre. Sophie danse. Le garçon aime le football. Ma sœur cherche les cahiers.*

1 En classe

Complète les phrases.

Exemple: Une fille ___parle___ avec une amie. (parler)

1. Un garçon _____ un livre d'Astérix. (regarder)
2. Luc _____ (dessiner) un chat.
3. Nicole _____ aux cartes. (jouer)
4. Noah _____ de la musique. (écouter)
5. Mon frère _____ ses sandwichs. (manger)
6. Karim _____ un gâteau. (manger)
7. Lucie _____ (chanter)
8. Un garçon _____ sur une chaise. (sauter)
9. Une fille _____ sur la table. (danser)
10. Attention! Le professeur _____ (arriver)

2 Un frère ou une sœur, c'est bien?

Complète les dialogues.

– Tu (jouer) ___joues___ avec ton petit frère, Julien?
– Avec Henri, ah non! Il (1 *sauter*) _____ sur le lit, il (2 *dessiner*) _____ sur les murs et il (3 *manger*) _____ mes bonbons.
– Et toi, Lucie, tu (4 *jouer*) _____ avec ta petite sœur?
– C'est difficile!! Quand je (5 *travailler*) _____,' Sophie (6 *chanter*) _____, ou elle (7 *danser*) _____ et elle (8 *parler*) _____ tout le temps.

1 Des conversations

Choose the correct verb from the box and write the correct form to complete the conversations (you can use the same verb more than once).

Exemple: regarder – Tu *regardes*

a On parle du sport

adorer aimer détester jouer regarder adorer aimer détester jouer regarder

– Tu *regardes* le match aujourd'hui?
– Oui, ma sœur (1) j............ dans le match. Et toi, tu (2) a............ le hockey?
– Non, je (3) d............ ça, mais j'(4) a............ le tennis. Aujourd'hui, je (5) j............ au tennis.

b En discothèque

aimer danser préférer*

– Tu (1) d............ ?
– Non, merci. Je (2) p............ écouter de la musique.
– Tu (3) a............ cette chanson?
– Oui, c'est sensas!

c Au téléphone

écouter jouer ranger regarder travailler

– Tu (1) t............ aujourd'hui?
– Non, je (2) r............ un film à la télé. Et toi?
– Je (3) r............ ma chambre et j'(4) é............ de la musique.
– Et ton frère?
– Il (5) j............ au football.

d Au café

aimer manger préférer*

– Qu'est-ce que tu (1) m............ ?
– Je (2) m............ un sandwich au fromage. Tu (3) a............ le fromage?
– Non, je (4) p............ le chocolat.

e Dans la rue

habiter parler

– Tu (1) p............ français?
– Oui, (2) je p............ français et anglais.
– Tu (3) h............ en ville?
– Non, j'(4) h............ dans un village près d'ici.

2 Un petit lexique

Complète la liste.

français	anglais	français	anglais	français	anglais
Exemple:					
adorer	*to adore/like very much*	détester		penser	
aimer		écouter		préférer*	
arriver		entrer		ranger	
chanter		habiter		regarder	
chasser		jouer		rester	
chercher		manger		rentrer	
danser		parler		sauter	
dessiner		partager		travailler	

*With this verb, the accent changes to: je préfère, tu préfères, il/elle/on préfère.

Regular -er verbs – singular and plural (1) unité 6

▶ G 11

1 Complète le résumé

parler (to speak)

je	....	I speak, am speaking	nous	we speak, are speaking
tu	....	you (singular) speak, are speaking	vous	you (plural) speak, are speaking
il	....	he/it speaks, is speaking	ils	they speak, are speaking
elle	....	she/it speaks, is speaking	elles	they (f) speak, are speaking
on	....	(some)one speaks/is speaking		

Complète les phrases.

1 *Ils* is used when there are two or more males or a mixed group, e.g.
   Est-ce que Clément et Sarah regardent le film?
   Non, ... jouent au tennis dans le parc.

2 *Elles* is used when there are two or more females, e.g.
   Mélanie et Claire jouent au tennis aussi?
   Non, ... jouent sur l'ordinateur.

2 Trouve les paires

Draw lines to join up both parts of each sentence.

Exemple: Le chat — *d* — a chante des chants de Noël.
1 Nous .... b travaillent dans un magasin.
2 En décembre, on .... c aimes le sport?
3 Vous .... d entre dans la cuisine.
4 Lucas et Manon .... e préparons un gâteau spécial.
5 Tu .... f habite à Paris.
6 J' .... g parlez français, Madame?

3 Des messages

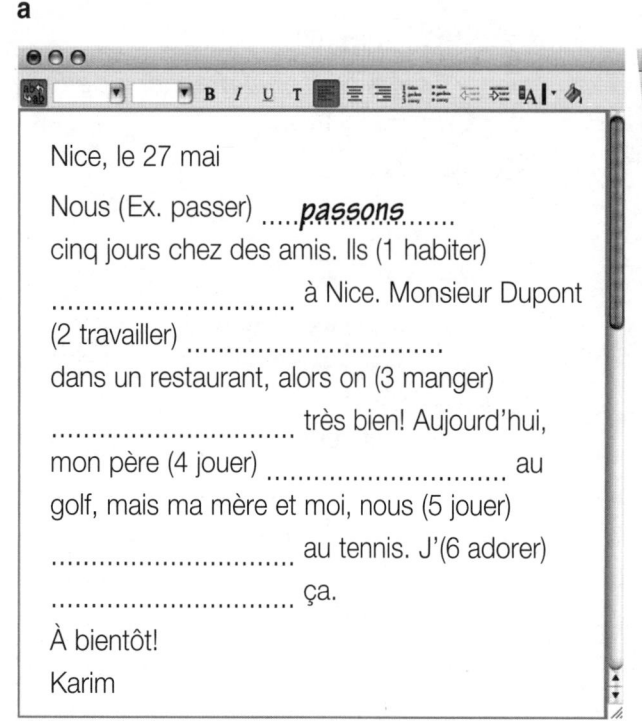

Complète les phrases.

a

Nice, le 27 mai

Nous (Ex. passer) ....*passons*.... cinq jours chez des amis. Ils (1 habiter) .... à Nice. Monsieur Dupont (2 travailler) .... dans un restaurant, alors on (3 manger) .... très bien! Aujourd'hui, mon père (4 jouer) .... au golf, mais ma mère et moi, nous (5 jouer) .... au tennis. J'(6 adorer) .... ça.

À bientôt!
Karim

b

Strasbourg, le 2 juin

Je (1 passer) .... une semaine en France. Ma correspondante (2 habiter) .... dans un village près de Strasbourg. Ses parents (3 travailler) .... dans le magasin du village. Aujourd'hui, il pleut, alors nous (4 jouer) .... au Monopoly. Marie (5 aimer) .... bien les crêpes, alors ce soir, nous (6 préparer) .... des crêpes pour toute la famille.

Amitiés,
Lauryne

G 11

1 Mots croisés

Horizontalement
1. Paul et Claire ... le chien. *(chercher)*
3. Le samedi, mon frère ... dans un supermarché. *(travailler)*
4. Tu ... ta chambre avec ton frère? *(partager)*
7. Je ... à quelque chose. *(penser)*
9. ... joue au football, le vendredi soir.
10. Vous ... de la musique? *(écouter)*

Verticalement
2. À Noël, nous ... des chants de Noël. *(chanter)*
5. Le chat ... sur la table. *(sauter)*
6. Ma sœur ... au concert. *(danser)*
8. Est-ce que ... aimes le sport?

2 Fais des phrases

Pour t'aider, regarde les mots de la case.

1. Je ....
2. Tu ....
3. Il ....
4. Elle ....
5. Nous ....
6. Vous ....
7. Ils ....
8. Elles ....

---

chanter   chercher quelque chose   dessiner   jouer au football/au golf/sur l'ordinateur

préparer un gâteau   travailler dans le jardin

---

unité 6 **Regular -er verbs – singular and plural (2)**

G 5.1

1 Complète le résumé

Read the French text, then fill in the gaps.

To say '**to** the' or '**at** the' in French, use
- *au* before a ..*masculine*.. word
- *à la* before a (1) .... word
- (2) .... before a singular word beginning with a vowel or silent (3) ....,
- *aux* before (4) .... words

> à l'   h
> plural
> feminine
> ~~masculine~~

Ce weekend

Samedi soir, je vais au match de football, mais ma sœur reste à la maison.

Dimanche, ma mère va à l'église, mais mon père travaille à l'hôtel.

Le samedi matin, nous allons aux magasins.

2 Tout le monde travaille

*Des mots masculins: remplis les blancs avec **au** ou **à l'**.*

Exemple: M. Martin travaille ..*au*.. stade.

1 Le samedi, je travaille .... café.
2 Mme Lomer et sa sœur travaillent .... musée.
3 Le Docteur Fardeau travaille .... hôpital.
4 Georges travaille .... marché aux poissons.
5 Beaucoup de personnes travaillent .... office de tourisme.
6 Les enfants travaillent .... collège.
7 Mon ami travaille .... cinéma.
8 M. et Mme Gauthier travaillent .... Hôtel de la Gare.

3 Où va-t-on?

*Des mots féminins: remplis les blancs avec **à la** ou **à l'**, et trouve le bon dessin.*

Exemple:

Les touristes vont ..*à la*.. cathédrale. ..*F*..

1 Mes parents vont .... maison. ....

2 Les touristes vont .... Tour Eiffel. ....

3 Les petits enfants vont .... école primaire. ....

4 Les familles en vacances vont .... plage. ....

5 M. Khan va .... mosquée. ....

6 Tout le monde va .... fête. ....

7 Il fait chaud, je vais .... piscine. ....

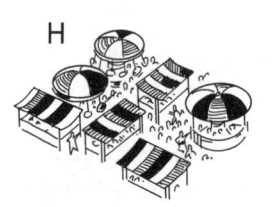

unité 7 Using au, à la, à l', aux (2)

G 5.1

1 Complète les phrases

Utilise au, à la, à l' ou aux, et trouve le bon dessin.

Exemple: Je passe mes vacances _à la_ montagne (f).   _A_

1 Vous allez .... centre sportif? (m).   ....
2 Le samedi matin, nous allons .... magasins.   ....
3 Les animaux aiment habiter .... ferme (f).   ....
4 Je vais .... poste (f).   ....
5 Mon oncle adore jouer .... golf (m).   ....
6 Il donne des poissons .... animaux.   ....
7 Elles vont .... église.   ....
8 Adolphe est .... aquarium.   ....

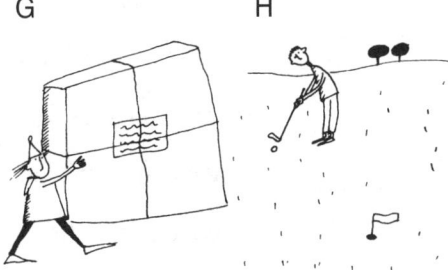

A   B    C    D    E    F    G   H   I

2 Pour aller à . . . ?

Écris des questions.

Exemple:

Pour aller à la Tour Eiffel?

1 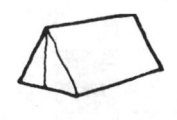
2 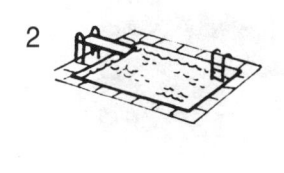
3 
4 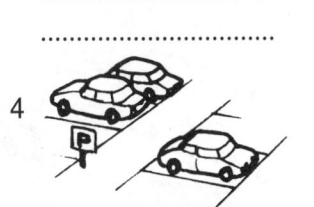
5 
6 
7 
8

Using the verb *aller* – to go (1)

▶ **G** 11.3

1 Complète le tableau

aller (to go)

je	....	I go, am going	nous	allons	.... go, are going
tu	....	you go, are going	vous	....	you .... , are going
....	....	he/it goes, is going	ils	....	they .... , are going
elle	....	.... goes, is going	....	vont	they (f) go, are going
on	....	(some) one goes/is going			

Pour t'aider Remember that *'on'* can be translated in several different ways, e.g. *on va* – someone goes/people go/we go.

2 Aujourd'hui, c'est samedi

Trouve les paires.

Exemple: Ce matin, je — *a* ....

1 Tu ....
2 Mon frère Christophe ....
3 Cet après-midi, nous ....
4 Sébastien et Claire, ce soir, vous ....
5 Mes sœurs jumelles ont cinq ans et ....
6 Ma mère et mon père ....
7 Ce soir, je ....

a vais en ville.
b va au match de football.
c allez au restaurant avec moi.
d vas au parc.
e vais au centre sportif.
f vont au théâtre.
g allons chez des amis.
h elles vont à l'école primaire.

3 Mots croisés

Horizontalement

1 Voici Marine; elle . . . au café avec moi.
2 Où . . . -tu ce soir?
4 On . . . au cinéma.
6 Rachid adore le rugby et . . . va au match.
7 Ce matin, nous . . . au collège.
8 . . . vas au centre commercial?

Verticalement

1 Aujourd'hui, je . . . à la bibliothèque.
3 Où . . . -vous?
5 Tous les enfants . . . à la plage.

G 11.13

1 Une visite à La Rochelle

Exemple: Lundi, on ..*va*.. au vieux port.

1. Mardi, nous .... à la plage.
2. Mercredi, vous les joueurs, vous .... au club de tennis.
3. Léa, tu .... au concert avec moi.
4. Les autres .... à la piscine.
5. Jeudi, on .... à l'île de Ré.
6. Vendredi, vous avez le choix: M. Jourdain .... au Musée Maritime.
7. Moi, je .... à l'aquarium.
8. Samedi, nous .... au port.
9. Dimanche, on .... à l'aéroport à 7 heures.
10. Dimanche soir, moi, je .... au lit!

2 Complète les conversations

*Complète les conversations avec une forme du verbe **aller**.*

Exemple: Dylan   Où ..*vas*.. -tu Élodie?
            Élodie   Je ..*vais*.. au match.

a   **Loïc**   Ce soir, nous (1) .... au club des jeunes. Tu aimes danser?
     Magali   Oui, beaucoup, mais ce soir, je (2) .... chez des amis et on (3) .... manger au restaurant.

b   **Marie**   Nous (1) .... au cinéma cet après-midi. Tu viens, Frédéric?
     Frédéric   C'est vrai? Vous (2) .... tous au cinéma?
     Marie   Oui, on (3) .... prendre le bus à 2 heures.
     Frédéric   Très bien, à 2 heures alors.

c   **Simon**   Salut, Jean, salut, Linda! Vous (1) .... à la plage?
     Jean   Oui, il fait si beau. Tout le monde (2) .... à la plage.

d   **Un touriste**   Pardon, Mademoiselle, pour (1) .... à l'Hôtel Splendide, s'il vous plaît?
     Jeune fille   C'est loin, mais (2) .... à l'office de tourisme pour demander un plan de la ville.

Using prepositions (1) unité 7

▶ **G** 5.8

1 Mots croisés

Horizontalement
2 behind
4 under
5 between

Verticalement
1 in front of
2 in
3 on

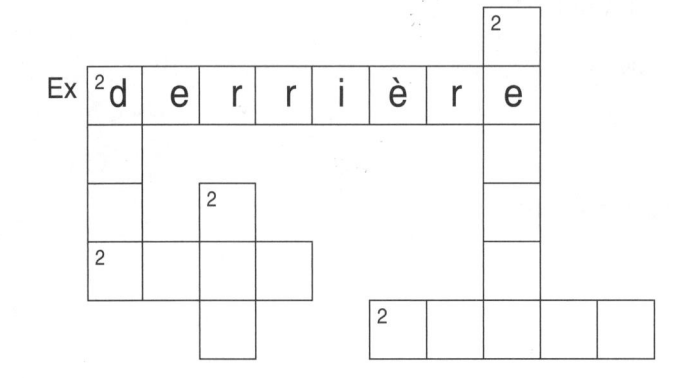

Ex: derrière

dans ~~derrière~~ *sur*
sous *devant* *entre*

2 Dans ma chambre

Trouve la bonne phrase pour chaque dessin.

Exemple: a

1 ....
2 ....
3 ....
4 ....
5 ....

Les phrases:

a Le chat est sur le lit.
b Le chat est sous le lit.
c Il y a une télévision sur la table devant la fenêtre.
d La fenêtre est entre la table et la télévision.
e Il y a des oiseaux sur la lampe.
f Il y a des oiseaux entre la lampe et l'ordinateur.
g Il y a des vêtements sous la chaise.
h Il y a des vêtements sur la chaise.
i Mon cartable est sur la chaise.
j Mon cartable est derrière la chaise.
k Il y a beaucoup de magazines entre la télévision et la radio.
l Il y a beaucoup de magazines devant la radio.

G 5.8

1 Au magasin de vêtements

Complète la description avec devant, derrière ou entre.

Exemple : Les robes sont ......*derrière*...... les T-shirts.
1. Les pantalons sont .... les jupes et les robes.
2. Les pulls sont .... les jupes.
3. Les jupes sont .... les pulls.
4. Les cravates sont .... les pulls et les T-shirts.
5. Les T-shirts sont .... les robes.
6. Les chaussures sont .... les T-shirts.
7. Les chaussettes sont .... les pulls.
8. Les sacs sont .... les chaussettes et les chaussures.
9. Les sacs sont .... les cravates.
10. Les pantalons sont .... les cravates.

2 Ma famille

Complète la description.

Voici une photo de ma famille devant notre maison. Ma mère est (1) .... mon frère, Lucas, et mon père. Elle est (2) .... ma grand-mère. Lucas est (3) .... mon petit frère, Théo. Je suis (4) .... mon père. (5) .... ma grand-mère, il y a ma petite sœur, Linda. Elle est (6) .... ses deux lapins, Bobtail et Miffy. Ils sont mignons!

unité 7 Using prepositions (2)

Telling the time (1) — unité 8

G 6.1

1 Quelle heure est-il?

Complète les phrases.

Exemple: `1:05` Il est une heure *cinq*

1. `1:10` Il est une heure ....
2. `1:20` Il est ....
3. `1:25` Il est ....
4. `2:05` Il est deux heures ....
5. `3:10` Il est ....
6. `4:20` Il est ....
7. `5:25` Il est ....
8. `7:05` Il est ....
9. `10:20` Il est ....
10. `11:25` Il est ....

Il est une heure/deux heures/trois heures

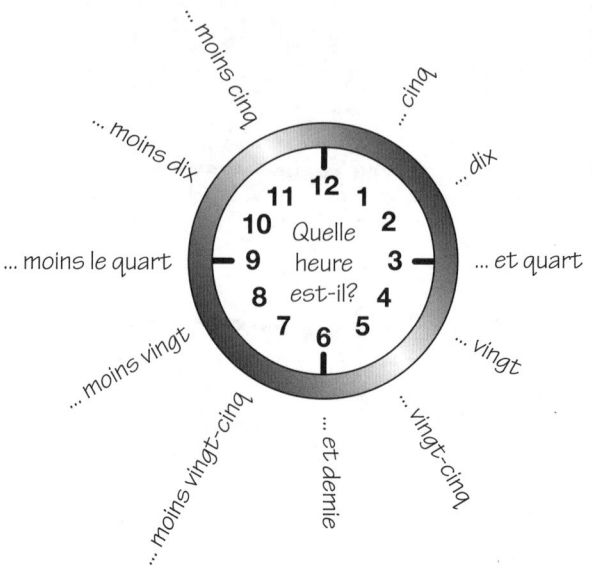

...moins cinq / ...cinq
...moins dix / ...dix
...moins le quart / ...et quart
...moins vingt / ...vingt
...moins vingt-cinq / ...vingt-cinq
...et demie

Quelle heure est-il?

2 Indique l'heure

Exemple: `2:55` Il est trois heures moins cinq.

1. ☐ Il est trois heures moins dix.
2. ☐ Il est trois heures moins vingt.
3. ☐ Il est trois heures moins vingt-cinq.
4. ☐ Il est quatre heures moins cinq.
5. ☐ Il est cinq heures moins dix.
6. ☐ Il est six heures moins vingt.
7. ☐ Il est huit heures moins vingt-cinq.
8. ☐ Il est neuf heures moins dix.
9. ☐ Il est onze heures moins cinq.
10. ☐ Il est une heure moins dix.

3 Midi et minuit

Complète les phrases.

Exemple: ☀ Il est *midi cinq*

1. ☀ Il est ....
2. ☀ Il est ....
3. ☀ Il est ....
4. ☾ Il est minuit ....
5. ☾ Il est ....
6. ☾ Il est minuit moins ....
7. ☾ Il est ....
8. ☀ Il est midi moins ....
9. ☀ Il est ....
10. ☾ Il est ....

unité 8 Telling the time (2)

▶ **G** 6.1

1 0.15, 0.30, 0.45

Quarter past, half past and quarter to the hour.
Indique l'heure.

Exemple: `1:15` Il est une heure et quart.

1. ____ Il est trois heures et demie.
2. ____ Il est quatre heures moins le quart.
3. ____ Il est sept heures et quart.
4. ____ Il est huit heures et demie.
5. ____ Il est neuf heures moins le quart.

Exemple: ☀✓ 🌙☐ Il est midi et demi.

6. ☀☐ 🌙☐ Il est minuit et demi.
7. ☀☐ 🌙☐ Il est midi et quart.
8. ☀☐ 🌙☐ Il est minuit moins le quart.
9. ☀☐ 🌙☐ Il est midi moins le quart.

2 Rendez-vous à quelle heure?

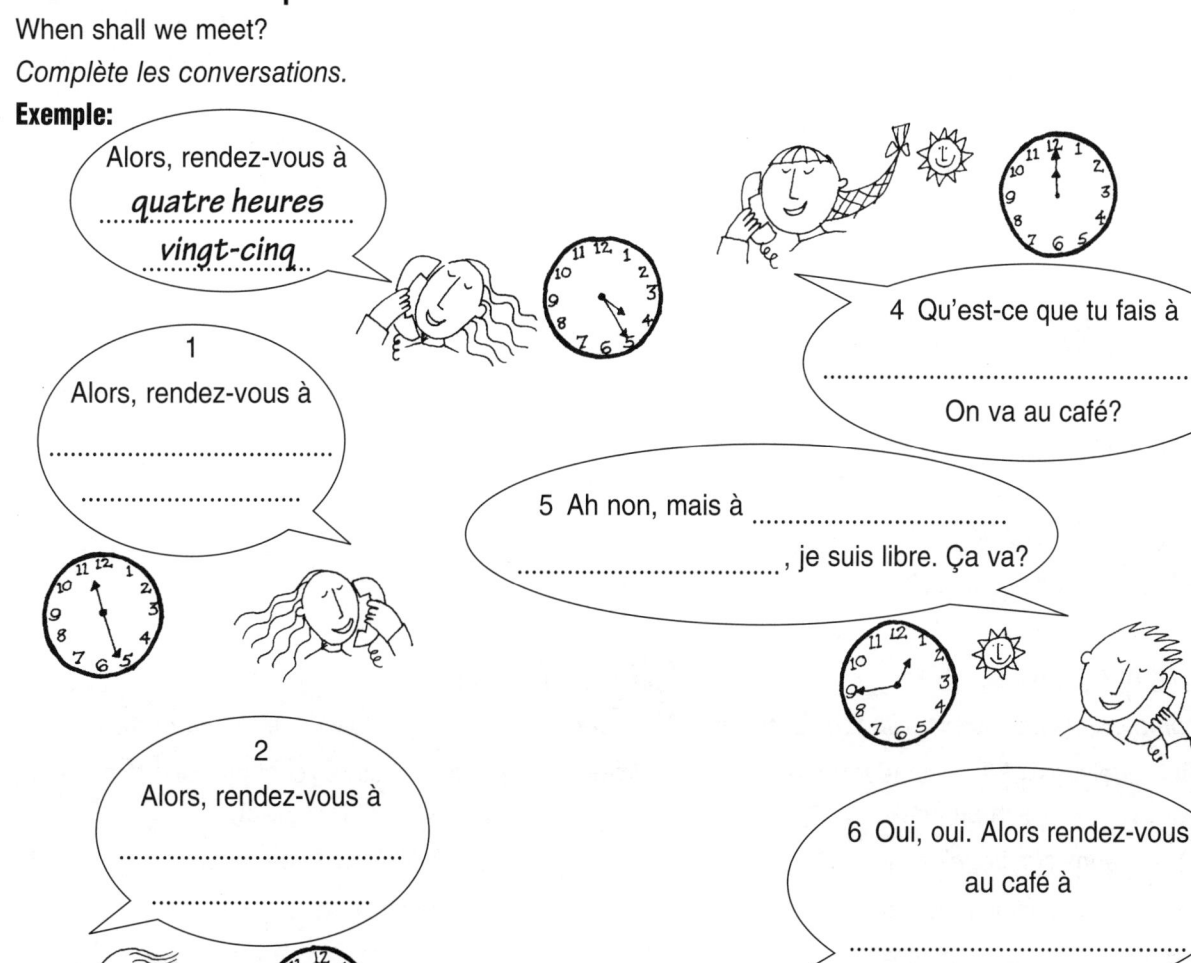

When shall we meet?
Complète les conversations.

Exemple:

Alors, rendez-vous à *quatre heures vingt-cinq*

1. Alors, rendez-vous à ....

2. Alors, rendez-vous à ....

3. Alors, rendez-vous à ....

4. Qu'est-ce que tu fais à .... ? On va au café?

5. Ah non, mais à ...., je suis libre. Ça va?

6. Oui, oui. Alors rendez-vous au café à ....

7. Fantastique! Et ce soir, on a rendez-vous à .... au cinéma.

G 4.1

Pour t'aider

1.
	masculine	feminine	plural
my	mon	ma	mes
your	ton	ta	tes

2. The correct word for 'my' or 'your' matches the word which follows it, e.g.
   mon *pantalon*   ma *robe*   mes *chaussures*

3. If a singular word begins with a vowel, use *mon* or *ton*, even if the word is feminine, e.g.
   mon ami   mon amie
   ton ami   ton amie

1 5-4-3-2-1

In the box find five words which are masculine singular.

~~un portable~~   une amie   le dessin
l'aquarium   une tablette
une gomme   les vêtements
un perroquet   une orange
des cadeaux   l'emploi
un lecteur MP3   une clé USB
le sandwich   un hamster

Exemple:

5 mon *portable* , mon .... ,
   mon .... , mon .... ,
   mon ....

Four words beginning with a vowel (a / e / i / o / u)

4 mon .... , mon .... , mon .... ,
   mon ....

Three words which are feminine singular

3 ma .... , ma .... , ma ....

Two plural words

2 mes .... , mes ....

One singular word beginning with 'h'

1 mon ....

2 Des questions

First complete the questions with ton, ta or tes.

Exemple: Quelle est *ta* couleur préférée?
1 Quel est .... film préféré?
2 T........... anniversaire, c'est quand?
3 T........... chat s'appelle comment?
4 Quel est .... sport préféré?
5 Où est .... sœur?
6 Comment s'appelle .... amie?
7 Quel est .... oiseau préféré?
8 Quels sont .... vêtements préférés?

3 Des réponses

Then complete the answers with mon, ma or mes.

a *Mes* vêtements préférés sont un jean et un T-shirt.
b M........... anniversaire est le 6 juillet.
c M........... oiseau préféré est le perroquet.
d M........... chat s'appelle Hercule.
e M........... amie s'appelle Claire Rousseau.
f M........... sœur est en ville.
g M........... sport préféré est le rugby.
h M........... film préféré est *Le Hobbit*.
i M........... couleur préférée est rouge.

4 Trouve les paires

Finally, match up the questions with the correct answers.

Exemple: Quelle est ta couleur préférée? *i*

1 .... , 2 .... , 3 .... , 4 .... , 5 .... , 6 .... , 7 .... , 8 ....

G 4.1

1 Roseline écrit à son correspondant
Complète la lettre.

Salut Patrick!

Merci pour ta lettre intéressante. Voici **mes** réponses à tes questions. (1) .... anniversaire est le dix-huit avril. (2) .... frère s'appelle Olivier, et (3) .... amie s'appelle Cécile. Le dimanche, j'aime sortir avec (4) .... amis ou jouer avec (5) .... petit chien ou (6) .... trois cochons d'Inde. (7) .... couleur préférée est l'orange et (8) .... sports préférés sont le badminton et le ski. (9) .... émission de télé préférée est Chanteurs, chanteuses et (10) .... animal préféré est l'éléphant.

2 Un message pour Paul
Complète le message.

Cher Paul,

Ça va? Aujourd'hui c'est ma fête. *Ta fête*, c'est quand?
C'est samedi, mon jour préféré. Quel est (1) t_____ ?
C'est juillet aussi, mon mois préféré. Quel est
(2) t_____ ?

Aujourd'hui, à midi, on mange au restaurant avec (3) m_____ amis.
Le déjeuner est mon repas préféré. Quel est
(4) t_____?

Il y a beaucoup de restaurants ici, parce que ma ville est assez grande.
Est-ce que (5) _____ est grande ou petite?

Ce soir, à la télé, il y a mon émission préférée – c'est 'Jeux Jeunesse'.
Quelle est (6) t_____ ?

Est-ce que tu aimes le sport? (7) M_____ sports préférés sont le badminton et le ski. Quels sont (8) t_____ sports préférés?
Maintenant, je vais regarder la télé.

Réponds-moi vite!

Thomas

G 4.1

1 Complète le résumé

Enzo met son jean noir. Enzo is wearing ___his___ black jeans.
Sophie prend son sac. Sophie takes _____ bag.
Le chat boit son lait. The cat drinks _____ milk.
Il cherche sa raquette de tennis. He is looking for _____ tennis racket.
Elle met sa veste. She puts on _____ jacket.
Le cochon d'Inde est dans sa cage. The guinea pig is in _____ cage.

	masculine	feminine	before a vowel	plural
his/her/its	son	_____	_____	_____

Pour t'aider

Son, sa and ses can all mean 'his', 'her' or 'its'. The word you use depends on the word that follows (whether it is masculine, feminine, beginning with a vowel or plural), and not with the owner.

2 His

*Complète avec **son**, **sa** ou **ses**.*

1. Luc regarde _____ vêtements.
2. _____ sweat-shirt (m) n'est pas propre.
3. Il n'aime pas la couleur de _____ jean (m).
4. _____ chaussures sont trop petites.
5. Il ne trouve pas _____ pull (m).
6. Enfin, il met _____ short (m) et _____ maillot (m) de football.*
7. Puis il met _____ chaussettes et _____ baskets.
8. Il met _____ affaires dans _____ sac de sport (m).
9. Il prend _____ argent (m) et il regarde _____ montre (f).
10. Il prend _____ vélo (m) et il va au stade.

* maillot de football football shirt

3 Her

*Complète avec **son**, **sa** ou **ses**.*

1. Nicole est dans _____ chambre (f).
2. Elle fait _____ valise (f).
3. Elle met _____ T-shirts, _____ jean (m) et _____ sweat-shirt (m) dans la valise.
4. Elle cherche _____ appareil photo (m).
5. Elle trouve _____ chaussures de tennis dans le salon.
6. Elle cherche _____ raquette de tennis (f) et _____ balles.
7. Elle met _____ maillot (m) de bain et _____ livre (m) dans la valise.
8. Elle met _____ imper (m) et _____ gants.
9. Elle regarde _____ montre (f).
10. Elle dit au revoir à _____ parents et elle va à la gare.

4 Its

*Complète avec **son**, **sa** ou **ses**.*

1. Le lapin est dans _____ cage (f).
2. Il mange _____ carottes.
3. Il boit _____ eau (f).
4. Le chat mange _____ poisson (m) et boit _____ lait (m).
5. Le chien mange _____ viande (f).
6. La souris reste dans _____ maison (f) et mange _____ fromage (m).
7. L'oiseau entre dans _____ cage (f).
8. Le poisson est dans _____ aquarium (m).
9. Le chat est dans _____ boîte (f).
10. Le petit cheval regarde _____ mère (f).

G 4.1 — Using *notre/nos, votre/vos, leur/leurs* (1)

1 Complète le résumé
Choisis les mots de la case.

- In French there are (1) .... words for 'our': *notre* and *nos*.
  If you're using *vous*, there are (2) .... words for 'your': *votre* and *vos*.
- And there are two words for 'their': (3) .... and (4) ....

You have to decide which of the two words to use by looking at the noun which follows – **not** the owner.

Before a singular noun:
- for 'our', use *notre*, e.g. (5) .... *maison*
- for 'your', use (6) .... , e.g. .... *jardin*
- for 'their', use (7) .... , e.g. .... *ville*.

Before a plural noun:
- for 'our', use *nos*, e.g. (8) .... *amis*
- for 'your', use (9) .... , e.g. .... *disques*
- for 'their', use (10) .... , e.g. .... *animaux*.

leur	leurs	nos
notre	two	vos
votre	two	votre
leur	leur	vos
leurs	leurs	

2 On part en vacances
Souligne le bon mot.

Exemple: – Où allez-vous pour (votre / <u>vos</u> / leurs) vacances cette année?
- Cette année, nous allons chez (1) (notre / nos / vos) tante Hélène, (2) (notre / vos / leur) oncle Jacques et (3) (notre / nos / leur) trois cousins. Ils habitent au bord de la mer et (4) (leurs / leur / notre) maison est très grande.
- Ils sont gentils, (5) (votre / notre / vos) cousins?
- Les deux garçons sont très amusants, mais (6) (leur / leurs / notre) sœur est un peu difficile.
- Est-ce qu'ils ont des animaux?
- Bien sûr, ils ont un chien et deux chats. (7) (Leurs / Leur / Votre) chien s'appelle Ludo et (8) (votre / vos / leurs) chats s'appellent Minnie et Mickey.
- Vous allez voyager dans (9) (votre / notre / vos) petite voiture?
- Non, elle est trop petite. On prend la voiture de (10) (leurs / notre / nos) grands-parents – elle est beaucoup plus grande.

3 C'est quoi, en français?
Écris en français.

Exemple: our house   *notre maison*

1 our family   ....
2 your family   ....
3 their family   ....
4 your friends   ....
5 our friends   ....
6 their friends   ....
7 your brother   ....
8 our sisters   ....
9 their parents   ....
10 our cat   ....

G 4.1

1 Questions et réponses

a *Complète les questions.*

Exemple: C'est ici, __votre__ maison?

1 C'est v_____ voiture, là-bas?
2 V_____ collège est près d'ici?
3 Vous faites v_____ courses en ville?
4 Est-ce qu'il y a beaucoup de choses à faire dans v_____ ville?

Pour t'aider: When you are asked a question using votre/vos, you might need to use notre/nos in your reply, e.g. Est-ce que vos professeurs sont gentils? Oui, nos profs sont assez gentils.

b *Complète les réponses.*

a Oui, nous faisons n_____ courses en ville le samedi matin.
b Non, n_____ maison est là-bas, en face de l'église.
c Oui, oui. N_____ ville est très grande.
d Non, n_____ voiture est dans le garage.
e Non. Nous prenons le bus pour aller à n_____ collège.

c *Trouve les paires.*

Exemple: C'est ici votre maison? __b__

1 ...., 2 ...., 3 ...., 4 ....

2 À l'hôtel

Complète les phrases.

Qui parle – le réceptionniste (R) ou les visiteurs (V)?

Exemple: À quelle heure prenons-nous __notre__ dîner? __V__

1 Quelle est v_____ adresse? ....
2 Quel est v_____ numéro de téléphone en Grande-Bretagne? ....
3 Est-ce que les visiteurs prennent le petit déjeuner dans l_____ chambre? ....
4 Montrez-moi v_____ passeports*, s'il vous plaît. ....
5 Est-ce que les enfants ont la télévision dans l_____ chambre? ....
6 On va mettre v_____ valises** dans v_____ chambre. ....
7 Où sont n_____ chambres, s'il vous plaît? ....
8 Est-ce qu'il y a une place pour n_____ voiture? ....
9 Mettez v_____ voiture sur le parking, derrière l'hôtel. ....

* *un passeport* passport, ** *une valise* suitcase

unité 9 Using du, de la, de l', des (1)

G 1.4

1 Complète le résumé

masculine	feminine	before a vowel	plural
du lait	*de la* confiture	.... l'omelette	*des* poire
.... fromage	.... viande	.... eau	.... légumes

- *du, de la, de l', des* mean 'some' or 'any'.
- *Tu veux .... eau minérale?* Do you want some mineral water?
- *Est-ce qu'il y a .... pain?* Is there any bread?

2 Complète les listes

a *Des mots masculins:* **du**

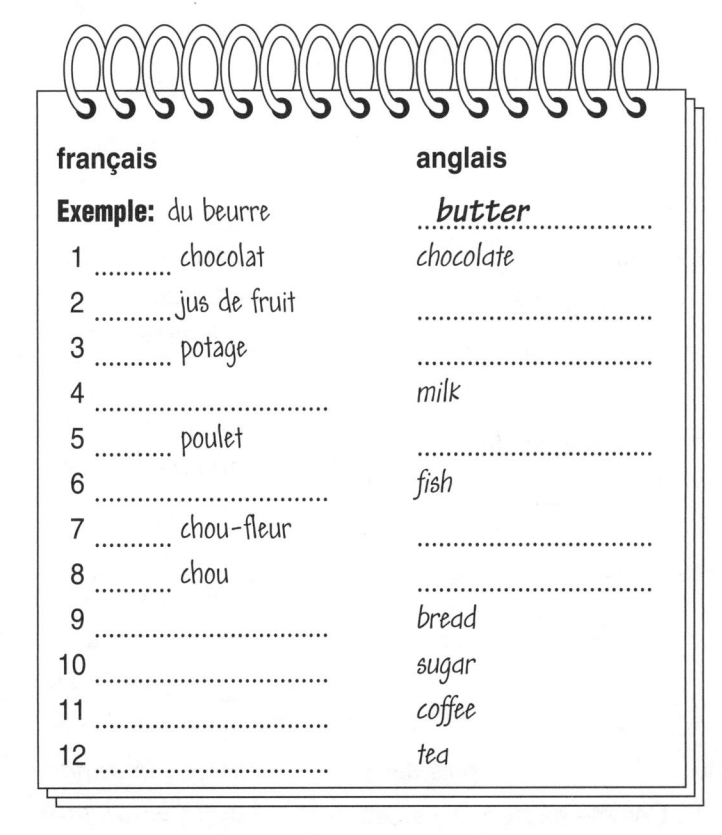

français	anglais
Exemple: du beurre	*butter*
1 .... chocolat	chocolate
2 .... jus de fruit	....
3 .... potage	....
4	milk
5 .... poulet	....
6	fish
7 .... chou-fleur	....
8 .... chou	....
9	bread
10	sugar
11	coffee
12	tea

b *Des mots féminins:* **de la, de l'**

Exemple: *de la confiture*	jam
1	salad
2	meat
3	lemonade
4	pizza
5	water
6	omelette

c *Des mots pluriels:* **des**

Exemple: *des carottes*	carrots
1 .... haricots verts	....
2	chips
3 .... petits pois	....
4	bananas
5 .... fraises	....
6	apples
7	tomatoes
8 .... pêches	....

Using du, de la, de l', des (2) — unité 9

G 1.4

1 Qu'est-ce qu'il y a pour le pique-nique?

Exemple: Il y a *de la limonade*,

1 ....,
2 ....,
3 ....,
4 ....,
5 ....,
6 ....,
7 ....,
8 ....,
9 et ....

2 Manger, c'est bien

Complète les phrases avec des mots de la case.

1 Au petit déjeuner, je mange des *céréales*, du .... avec du .... et de la ...., et je bois du ....

| beurre   céréales |
| chocolat   chaud |
| confiture   pain |

2 Je prends le déjeuner au collège. Voilà un repas typique: du .... avec des .... et des ...., et comme boisson, de l' ....

| carottes   eau |
| pommes de terre |
| poulet |

3 Pour le goûter, je mange des .... avec du .... ou de la ...., et je bois du ....

| confiture |
| jus d'orange |
| fromage   tartines |

4 Pour le dîner, nous mangeons souvent du ...., puis de la .... et des .... Comme dessert, il y a des .... ou du ....

| fruits   légumes |
| potage   viande |
| yaourt |

3 À toi!

Write a few lines in answer to one of these questions about meals.

1 Qu'est-ce que tu prends au petit déjeuner?
2 Décris un déjeuner typique (avec 3 choses à manger et 1 chose à boire).
3 Décris ton repas préféré.

....
....
....
....
....

▶ **G** 11.13

1 Complète le verbe

prendre (to take)

je	....	I take, am taking
tu	....	you take, are taking
il	....	he/it takes, is taking
elle	....	she/it takes, is taking
on	....	(some) one takes/is taking, we take/are taking
nous	....	we take, are taking
vous	....	you (plural) take, are taking
ils	....	they take, are taking
elles	....	they (f) take, are taking

2 Complète les questions

Exemple: Qu'est-ce que vous ......*prenez*...... comme boisson?

1 Est-ce que tu .... un fruit?
2 Qu'est-ce que Pierre .... au goûter?
3 Est-ce que tes amis .... le déjeuner à la cantine?
4 Est-ce que Nicole .... du sucre?
5 On .... quel bus pour aller en ville?
6 Est-ce que tes parents .... le train pour aller à Paris?
7 Vous .... un dessert ou du café?
8 À quelle heure est-ce que vous .... le petit déjeuner?
9 Qu'est-ce que tu .... comme boisson?

3 Complète les réponses

a Je .... de l'eau minérale, s'il vous plaît.
b Oui, elle .... du sucre.
c Nous .... le petit déjeuner vers 8 heures.
d Vous .... le bus numéro 7.
e Non, ils .... des sandwichs.
f Oui, je .... une pomme.
g Nous .... seulement du café.
h Il .... du pain avec du chocolat.
i Oui, ils .... le train de 8h10.
j Nous .... de l'eau minérale.

4 Trouve les paires

Exemple: Qu'est-ce que vous prenez comme boisson? ...*j*...

1 ...., 2 ...., 3 ...., 4 ...., 5 ...., 6 ...., 7 ...., 8 ...., 9 ....

unité 9 **Using the verb *prendre* – to take (1)**

Using the verb *prendre* – to take (2)

▶ **G** 11.13

1 Mots croisés

Horizontalement
1 Les Français ... le dîner entre sept et neuf heures du soir.
3 Ta sœur, est-ce qu' ... prend des sandwichs au déjeuner?
6 Pour le restaurant, ... la première rue à gauche.
8 Pour aller au cinéma Rex, ... prend quel bus?
9 Qu'est-ce que tu ... comme dessert?

Verticalement
1 Nous ... le train de 9 heures.
2 Est-ce que ... prends du café ou du thé?
4 Claire ... du jus d'orange.
5 Moi, ... prends de la limonade.
7 Encore du café? ..., merci.

2 Complète la lettre

*Utilise la bonne forme du verbe **prendre**.*

Cher Alex,

Le matin, je ....**prends**.... un bon petit déjeuner, des céréales avec un toast et du chocolat chaud. Et toi, qu'est-ce que tu (1) .... au petit déjeuner?

Je quitte la maison et je (2) .... le bus pour aller au collège. Normalement, le trajet* en bus (3) .... trente minutes.

À midi, je (4) .... le déjeuner à la cantine. Dans ma classe, deux ou trois élèves (5) .... le déjeuner à la maison. Et toi, est-ce que tu (6) .... des sandwichs?

Le soir, nous (7) .... le dîner à sept heures et demie. Et vous, vous (8) .... le repas du soir à quelle heure?

À bientôt,
Lucie

**trajet* journey*

3 Réponds à Lucie

Now reply to Lucie's questions 1, 6 and 8.

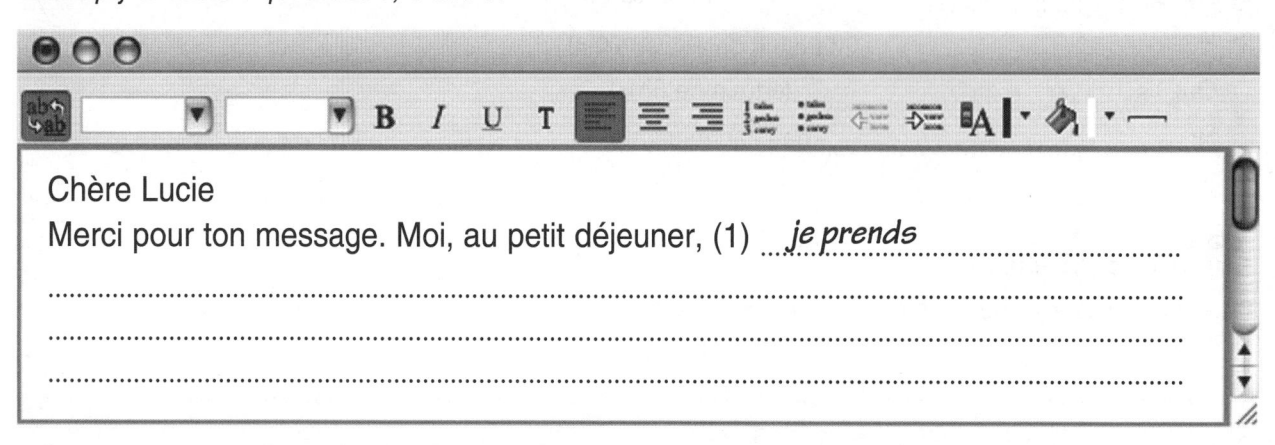

Chère Lucie
Merci pour ton message. Moi, au petit déjeuner, (1) ....*je prends*....

G 11.5

1 Complète les deux verbes

	manger (to eat)		commencer (to start, to begin)
Exemple: je	_mange_	je	....
tu	....		commences
il/elle/on	....	il/elle/on	commence
nous	....		commençons
....	mangez	vous	....
....../......	mangent	ils/elles	....

Pour t'aider

These two verbs follow the pattern of ordinary -er verbs, except for just one part: the part which follows *nous*.

- In the verb *manger* this part has an extra 'e': *nous mangeons*.
- In the verb *commencer*, this part has a cedilla on the letter 'c': *nous commençons*.

2 Trouve les paires

Exemple: Ce matin je — _c_

1. Les cours ....
2. À midi, mon frère et moi nous ....
3. Mais ma petite sœur ....
4. Après le déjeuner, j'ai ma classe de musique qui ....
5. L'après-midi, nous ....
6. Vers sept heures, nous ....
7. Ce soir, je mange vite – mon émission de télé préférée ....

a commencent à neuf heures moins le quart.
b commençons les cours à deux heures.
c mange mon petit déjeuner très vite.
d commence à une heure et quart.
e mangeons notre repas du soir chez nous.
f mange des sandwichs – elle n'aime pas la cantine.
g commence à huit heures du soir.
h mangeons à la cantine.

3 Complète ce message

*Use part of **commencer** or **manger** to fill the gaps in this e-mail from your pen-friend.*

Salut! Comment vas-tu?
En classe, on parle d'une journée typique ici et dans ton pays. Ici les cours _commencent_ à neuf heures. À quelle heure est-ce qu'ils (1) .... dans ton collège? Ici, l'heure du déjeuner (2) .... à midi. Et chez toi, le déjeuner (3) .... à quelle heure? Est-ce tu (4) .... à la cantine, comme nous? Nous (5) .... assez vite parce que nous aimons jouer au football avant les cours de l'après-midi, qui (6) .... à deux heures. Chez nous, on (7) .... à six heures et demie le soir. Et toi, tu (8) .... à quelle heure, le soir?

4 Une réponse

Imagine you have received the message in exercise 3. Write a short reply to the questions.

Salut! Dans mon collège les cours _commencent_ à neuf heures moins le quart.
Le déjeuner (1)..
....
....

The negative (1) unité 9

▶ G 7

1 Complète le résumé

- The negative means 'not', 'isn't', 'don't', 'doesn't', etc.
- To say 'not' in French you need two short words:
  Exemple: _ne_ (or *n'* before a vowel) and 1 ....
  They go round the verb.

Here are some examples:

français	anglais
Exemple: *Il n'est pas français.*	He's not French.
2 *Tu ne comprends ....?*	Don't you understand?
3 *Elle .... joue .... au football.*	She doesn't play football.
4 *Je .... crois pas.*	I don't think so.
5 *Ce .... est .... juste.*	It's not fair.

2 Écris ces mots dans le bon ordre

Exemple: ne   cinéma   vais   au   pas   Je   *Je ne vais pas au cinéma.*

1 ne   va   Ça   pas
2 pas   Je   comprends   ne
3 difficile   Ce   pas   n'est
4 mange   pas   de   viande   Elle   ne
5 lapins   n'   Les   le poisson   pas   aiment
6 pas   ville   aujourd'hui   n'   Nous   allons   en
7 ici   pas   fait   beau   Il   ne

3 Ça ne va pas!

Complete each sentence with a verb in the negative.

Exemple: Luc et Lucie _n'aiment pas_ rester à la maison. *(aimer)*

1 Aujourd'hui, ils .... contents. *(être)*
2 Ils .... au football. *(jouer)*
3 Ils .... leur pique-nique dans le parc. *(manger)*
4 Ils .... à la plage. *(aller)*
5 Ils .... le match au stade. *(regarder)*
6 Ils .... dans le jardin. *(travailler)*
7 Pourquoi? Il .... beau. Il fait un temps affreux! *(faire)*

G 7

1 Hercule et Hector

Hercule the dog and Hector the cat are quite different from each other.
Use the negative to help you to describe Hector.

Exemple: Hercule écoute la radio.

Hector *n'écoute pas la radio.*

1 Hercule regarde la télé.

   Hector ....

2 Hercule est grand.

   Hector ....

3 Hercule joue avec les enfants.

   Hector ....

4 Hercule aime le sport.

   Hector ....

5 Hercule va souvent au parc.

   Hector ....

6 Hercule est très intelligent.

   Hector ....

7 Hercule mange beaucoup.

   Hector ....

8 Hercule est gris.

   Hector ....

2 Et toi?

Réponds aux questions à la forme négative.

Exemple: Vas-tu souvent à New York?

Non, je ne vais pas souvent à New York.

1 Vas-tu au collège le dimanche?

   ....

2 Est-ce que tu joues au cricket?

   Non, je ....

   ou Oui, mais je ne joue pas (choose another sport) ....

3 Qu'est-ce que tu n'aimes pas?

   Je n'aime pas ....

4 Qu'est-ce que tu ne prends pas comme boisson?

   Je ne prends pas de ....

5 Qu'est-ce que tu ne manges pas?

   ....

6 Est-ce que tu parles chinois?

   ....

7 Est-ce que tu prépares souvent le déjeuner?

   ....

▶ G 11.12

When you use two verbs together in French, the second one is usually an *infinitive*.

1 Complète les phrases

anglais	français
I like eating in a restaurant	J'(1) .... manger au restaurant.
I don't like eating meat.	Je n'aime pas (2) .... de la viande.
I hate preparing big meals.	Je (3) .... préparer de grands repas.
I prefer making sandwiches.	Je (4) .... faire des sandwichs.
I love organising picnics.	(5) .... organiser des pique-niques.

manger
aime
j'adore
déteste
préfère

2 Qu'est-ce qu'on va faire?

To say what you are **going to** do in French, use part of the verb *aller* followed by an **infinitive**.

aller + infinitive

Exemple: I am going to listen to the radio.   Je vais écouter la radio.

1 Are you going to play tennis?   Tu vas .... au tennis?
2 He is going to stay here.   Il .... rester ici.
3 She is going to watch TV.   Elle va .... la télé.
4 We are going to work.   Nous .... travailler.
5 You are going to play tennis.   Vous .... jouer au tennis.
6 They are going to play tomorrow.   Ils vont .... demain.
7 They are going to sing.   Elles vont ....
8 Shall we watch the film?   On va .... le film?
9 Who is going to arrive?   Qui va .... ?
10 The others are going to visit the aquarium.   Les autres vont .... l'aquarium

3 À toi!

Ecris des phrases.
(Remember to use infinitives!)

- Here are a few more expressions to help you.

aller au cinéma
jouer sur l'ordinateur
aller en ville
visiter un musée
ranger mes affaires
faire un pique-nique

Exemple: J'aime **aller en ville**.

1 J'adore ....
2 Je préfère ....
3 Je n'aime pas ....
4 Je déteste ....
5 Je n'aime pas du tout ....
6 Ce weekend, je vais ....
7 Plus tard, on va ....

unité 10 Using the verb *faire* – to do, to make

G 11.11, 11.13

1 Complète le tableau

faire (to do, to make)

je	fais	I do, am doing
tu	....	you do, are doing
il	....	he/it does, is doing
....	fait	she/it does, is doing
on	....	(some) one does/is doing, we do/are doing
nous	faisons	.... do, are doing
....	faites	you (plural) do, are doing
ils	....	they do, are doing
....	font	they (f) do, are doing

2 Trouve les paires

Exemple: Elles font de l'athlétisme. *E*

1 Il fait très chaud. ....
2 Nous faisons des photos. ....
3 Vous faites une promenade? ....
4 Il fait mauvais. ....
5 Ils font du théâtre. ....
6 Elle fait de l'équitation. ....
7 Tu fais des courses? ....
8 Elles font du ski. ....

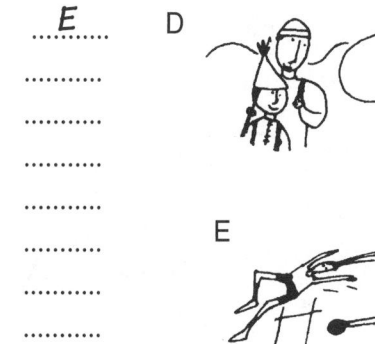

3 Lexique

Trouve les paires.

Pour t'aider
Notice how in some expressions the verb *faire* is often translated in English by words other than 'do' or 'make', e.g. 'go' or 'take'.

français — **anglais**

Exemple: faire de l'équitation — *c*

1 faire un gâteau .... a to go shopping
2 faire de la natation .... b to go mountain biking
3 faire des photos .... c to go horse-riding
4 il fait froid .... d to do drama/acting
5 faire des courses .... e to go swimming
6 faire du théâtre .... f to go for a walk
7 il fait mauvais .... g to make a cake
8 faire du VTT .... h to take photos
9 faire une promenade .... i it's bad weather
.... j it's cold (weather)

G 11.9

1 Complète le résumé

The verb jouer means (1) _to play_. It is a regular **-er** verb. Remember to choose the correct preposition to follow it.

- **à** (*au, à la, à l'* or *aux*) + games and sports
- **de** (*du, de la, de l'* or *des*) with (2) ....

• With games or sports: most games are masculine, so use *jouer* **au** (singular) and *jouer* **aux** (plural), e.g.

   Le samedi, je joue au football.
   Tu joues aux échecs avec moi?

• With musical instruments:

masculine	feminine	before a vowel	plural
du piano	**de la** flûte	**de l'**accordéon	**des** maracas

Notice that to say that you don't play any instrument, use *d'*, e.g.
je ne joue pas (3) .... *instrument*.

Try these examples:

je joue (4) .... *guitare* (f)   *il joue* (6) .... *piano* (m)
je joue (5) .... *tennis* (m)   *elles jouent* (7) .... *cartes*

> de la   du   d'
> au   aux   ~~to play~~
> musical instruments

2 Complète les phrases

a Les sports et les jeux

1 Tu joues .... football?
2 Il joue .... rugby.
3 Elle joue .... basket.
4 On joue .... golf?
5 Nous jouons .... échecs.
6 Je ne joue pas .... cartes.

b La musique

1 Vous jouez .... piano?
2 Ils jouent .... guitare.
3 Elles jouent .... violon.
4 Mon frère joue .... flûte.
5 Il ne joue pas .... piano.
6 Ma sœur ne joue pas .... instrument.

3 Complète ces phrases

Exemple: Ce soir, je _joue au_ badminton.

1 Cet après-midi, nous .... cricket.
2 Je .... violon dans l'orchestre de mon école.
3 Est-ce que tu .... piano?
4 Non, mais je .... flûte.
5 Mes amis .... rugby tous les samedis.
6 Je ne .... pas .... badminton, mais j'adore le tennis de table.
7 Vous .... football ce weekend?
8 Non, il fait trop chaud. On .... tennis.
9 On va au concert ce soir, parce que ma sœur .... guitare.
10 Moi aussi, parce que mes frères .... piano.

G 11.9

1 Une lettre d'Alex

a *Complète les blancs a–h.*

Salut!

Merci de ta lettre intéressante. Moi aussi, j'aime le sport. Je joue (**Ex.**) _au_ football en hiver et (a) .... tennis en été. (1) Est-ce que tu joues (b) .... football? (2) Qu'est-ce que tu fais comme sports? En hiver, quand il fait froid, je joue (c) .... échecs avec mon frère. (3) Est-ce que tu joues (d) .... échecs ou (e) .... cartes?

(4) Est-ce que tu joues (f) .... un instrument de musique? Dans ma famille, nous jouons tous (g) .... guitare. (5) Toi, tu joues (h) .... quel instrument?

À bientôt!

Alex

b Now write your own answer to Alex's letter, making sure you reply to his questions 1–5.

Cher Alex,

Merci de ta lettre. Oui, je joue au football. / Non, je ne joue pas au football.

....

....

....

....

....

....

unité 10 Using jouer à and jouer de – to play (2)

1 Cherche la montre!

Here are eight watch faces: match each one to the correct time.

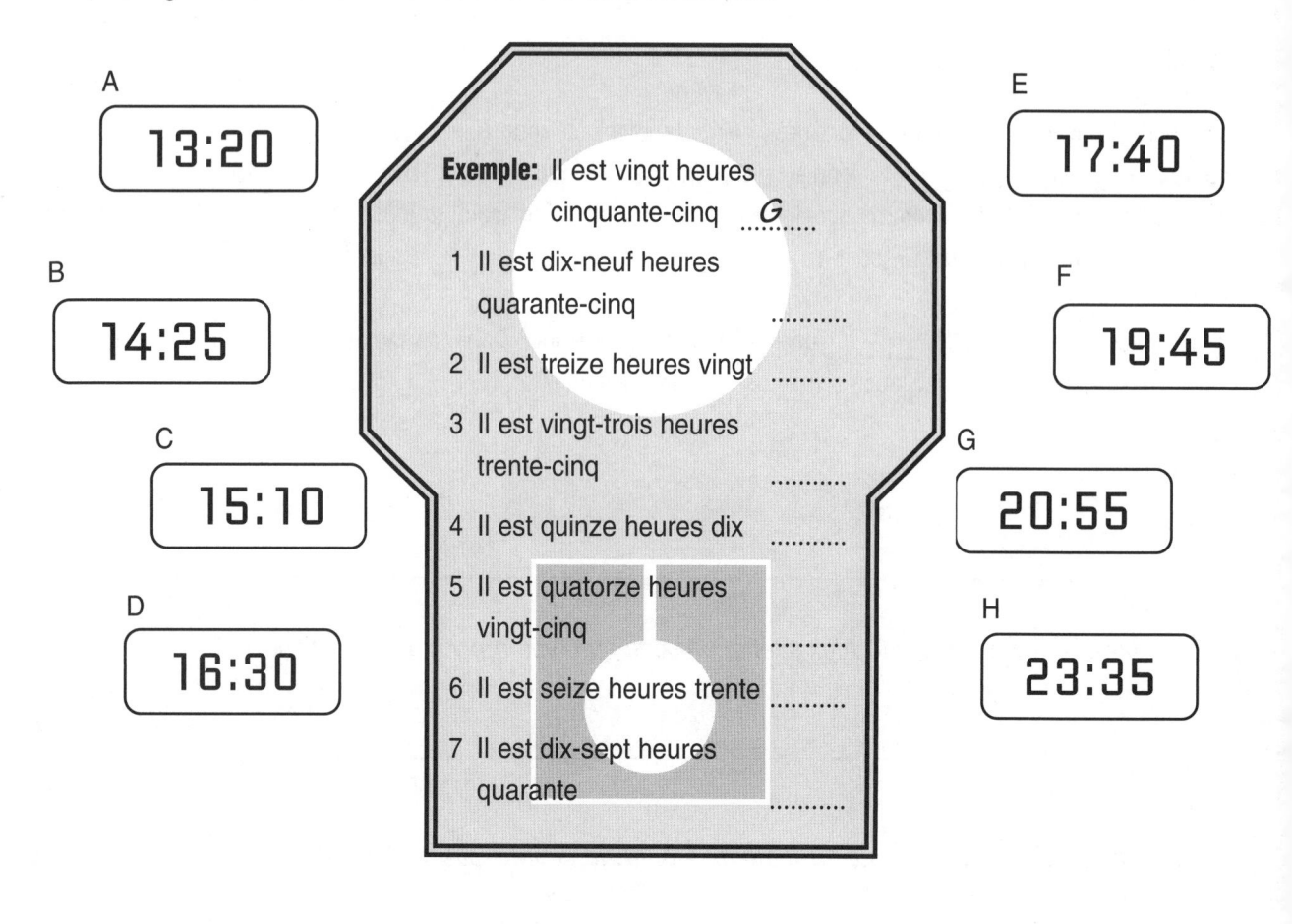

A 13:20
B 14:25
C 15:10
D 16:30
E 17:40
F 19:45
G 20:55
H 23:35

Exemple: Il est vingt heures cinquante-cinq ..*G*..

1. Il est dix-neuf heures quarante-cinq ....
2. Il est treize heures vingt ....
3. Il est vingt-trois heures trente-cinq ....
4. Il est quinze heures dix ....
5. Il est quatorze heures vingt-cinq ....
6. Il est seize heures trente ....
7. Il est dix-sept heures quarante ....

2 Un jeu de logique

Read the information (1–5), then answer the questions (a–f).

1. Le train part à treize heures vingt et il arrive à seize heures dix.
2. Le bus part à quatorze heures vingt-cinq et arrive à Paris à dix-neuf heures.
3. Le match commence à dix-huit heures quinze.
4. Le film au Cinéma Royal commence à dix-sept heures trente.
5. Le concert au grand stade commence à vingt heures quarante-cinq.

Exemple: Does the train arrive before or after the bus? ..*before*..

a Does the train start out before or after the bus?
b The train journey takes a) about 3 hours, b) about 2 hours, c) about 4 hours
c The bus journey takes a) about 3 hours, b) about 4 hours, c) about 5 hours
d If you want to see the match you need to travel by
e If you catch the bus, which event can you go to?
f If you want to see the film you should travel by

G 11

1 Complète les verbes

Complete these verbs – they are all used a lot.

jouer to play (regular -er verb)
- je Ex. *joue* .... jouons
- tu .... vous ....
- il/elle/on .... ils/elles ....

être (to be)
- je .... sommes
- tu .... vous ....
- il/elle/on .... ils/elles ....

aller (to go)
- .... vais .... allons
- tu .... vous ....
- il/elle/on .... vont

faire (to do, make)
- je .... nous ....
- .... fais .... faites
- il/elle/on .... ils/elles ....

avoir (to have)
- j' .... avons
- tu .... avez
- .... a ils/elles ....

prendre (to take)
- je .... nous ....
- .... prends .... prenez
- il/elle/on .... ils/elles ....

2 Complète le message

Salut!

Je (Ex. *être*) **suis** .... en classe de cinquième au collège Missy. Je m'appelle Mathis, et j' (1 *avoir*) .... douze ans. Dans ma famille, nous (2 *être*) .... cinq. Il y (3 *avoir*) .... mes parents, mon frère, ma sœur et moi. Nous (4 *avoir*) .... aussi deux chats.

Et toi, (5 *avoir*) .... -tu un animal?

Nous (6 *habiter*) .... à La Rochelle. J' (7 *aimer*) .... bien la ville. Je (8 *prendre*) .... le bus pour aller au collège.

Mes parents (9 *travailler*) .... dans un magasin de sport. Toute la famille (10 *adorer*) .... le sport, sauf moi. Ma sœur (11 *jouer*) .... au basket, et mes parents (12 *jouer*) .... au tennis. Moi, j' (13 *adorer*) .... la musique. Et toi, tu (14 *aimer*) .... la musique aussi?

Le samedi soir, je (15 *regarder*) .... des émissions de musique à la télé. Et quelquefois je (16 *aller*) .... à un concert. Et toi, qu'est-ce que tu (17 *faire*) .... samedi soir?

À bientôt,
Mathis

unité 10 **Using regular and irregular verbs**

Recognising the perfect tense (1) — unité 10

▶ G 11.14

1 Français/anglais

a Which of these sentences refer to the past?
   Exemple: 1
   1 Qu'est-ce que tu as fait samedi dernier?
   2 Qu'est-ce que tu fais samedi?
   3 J'ai joué au tennis.
   4 Je joue au tennis.
   5 Et moi, je fais du shopping.
   6 Et moi, j'ai fait du shopping.

b Match phrases 1–5 with their English meaning.
   Exemple: 1d
   a I'm playing tennis.
   b I played tennis.
   c What are you doing on Saturday?
   d What did you do last Saturday?
   e And I went shopping.
   f And I'm going shopping.

2 Complète le résumé

Complete these notes.

Present tense
1a Qu'est-ce que tu fais mercredi?
2a Je joue au football.
3a Et moi, je fais du ski.
4a Tu passes combien de temps à Paris?

All the **a** sentences are about the (Ex.) <u>present</u>.
The action is still happening or happens regularly.
In the **a** sentences the verb is in the (1) .... tense
In the **present** tense, the verb is usually just (2) .... word.

Perfect tense
1b Qu'est-ce que tu as fait mercredi dernier?
2b J'ai joué au football.
3b Et moi, j'ai fait du ski.
4b Tu as passé combien de temps à Paris?

All the **b** sentences are about the (3)...... .
The action is completed.
In the **perfect** tense, the verb is usually (4) .... words. (Here, avoir + past participle.)

3 Time phrases

Time phrases can help you work out whether a phrase or sentence refers to the present or the past.
Trouve les paires

Exemple: b

Ex. Hier
1 Le weekend dernier
2 Aujourd'hui
3 Lundi dernier
4 La semaine dernière
5 L'année dernière
6 Normalement
7 Hier soir

a Last year
b Yesterday
c Usually
d Last week
e Last Monday
f Yesterday evening
g Today
h Last weekend

Pour t'aider

Faire	du	dessin
		ski
	de la	peinture
		natation
	des	photos

4 Qu'est-ce que tu as fait mercredi dernier?

Réponds pour ces personnes.

a **Exemple:** J'ai joué au badminton.

b **Exemple:** J'ai fait du dessin.

G 11.14

Past participle of regular –er verbs

In the perfect tense, the verb is usually two words: an auxiliary ('helping') verb + a past participle.
The past participle of *jouer* is *joué*
Other regular –er verbs form their past participle in the same way.

1 Hier

a Souligne le participe passé

Ex. J'ai <u>quitté</u> la maison à 9 heures.
1. Le matin, j'ai retrouvé mes amis au parc.
2. J'ai joué au football.
3. À midi j'ai mangé une pizza.
4. J'ai passé l'après-midi à la maison.
5. D'abord, j'ai surfé sur Internet.
6. Puis j'ai envoyé des messages à mes amis.
7. Plus tard, j'ai rangé ma chambre.
8. Le soir, j'ai regardé un film.

b Trouve le français pour ces phrases dans le texte et copie les phrases.
1. I left home. ....
2. I met up with my friends ....
3. I watched a film. ....
4. I spent the afternoon at home. ....
5. I surfed the net. ....
6. I tidied my room. ....

2 Le weekend dernier

Complète les phrases

a Samedi

Ex. J'ai écouté... mon lecteur MP3. (écouter)
1. D'abord, j'ai .... (danser)
2. Puis j'ai ....(chanter)
3. Plus tard, j'ai .... de la guitare. (jouer)
4. J'ai ....un concert à la télé. (regarder)
5. J'ai .... mes devoirs. (commencer)

b Dimanche
1. .... la journée à la maison. (passer)
2. Le matin, ... sur l'ordinateur. (travailler)
3. .... ma chambre. (ranger)
4. .... un lapin pour ma petite sœur. (dessiner)
5. Le soir, ... à mes amis. (téléphoner)

1 Nouns and articles

A noun is the name of someone or something or the word for a thing, e.g. Melanie, Mr. James, a book, work.
The definite article is the word for 'the' (*le, la , l', les*) used with a noun, when referring to a person or thing.
The indefinite article is the word for 'a', 'an', 'some' (*un, une, des*) used with a noun.
In French, the article indicates whether the noun is masculine (*le, un*), feminine (*la, une*) or plural (*les, des*).
Articles may be missed out in English, but not in French.

1.1 Masculine and feminine

All nouns in French are either masculine or feminine.

masculine singular	feminine singular
le garçon	*la* fille
un village	*une* ville
before a vowel	
l' appartement	*l'* épicerie

Nouns which refer to people often have a special feminine form, which usually ends in -e.

masculine	feminine
un ami	*une* amie

But sometimes there is no special feminine form.

un élève	*une* élève

1.2 Is it masculine or feminine?

Sometimes the ending of a word gives a clue as to whether it's masculine or feminine.

endings normally masculine	exceptions	endings normally feminine	exceptions
-age	une image	-ade	
-aire		-ance	
-é		-ation	
-eau	l'eau (f)	-ée	un lycée
-eur		-ère	
-ier		-erie	
-in	la fin	-ette	
-ing		-que	le plastique
-isme			un moustique
-ment			un kiosque
-o	la météo	-rice	
		-sse	
		-ure	

1.3 Singular and plural

Nouns can be singular (referring to just one thing or person) or plural (referring to more than one):

un chien a dog *des chiens* dogs

Most nouns form the plural by adding an -s. This is not usually sounded, so the word may sound the same.
The words *le, la* and *l'* become *les* in the plural and this does sound different. The words *un* and *une* become *des*.

singular	plural
le chat	les chats
la maison	les maisons
l'ami	les amis
un livre	des livres
une table	des tables

However, a few words have a plural ending in -x. This is not sounded either.

un oiseau	des oiseaux
un jeu	des jeux
un chou	des choux

Nouns which already end in -s, -x or -z don't change in the plural.

un repas	des repas
le prix	les prix

1.4 Some or any (the partitive article)

The word for 'some' or 'any' depends on the noun.

singular			plural
masculine	feminine	before a vowel	(all forms)
du pain	de la viande	de l'eau	des poires

To say 'isn't a, isn't any' and 'not a, not any' use *ne ... pas de*.

Il n'y a pas de piscine. There isn't a swimming pool.
Je n'ai pas d'argent. I haven't any money.
Il n'y a pas de fraises. There aren't any strawberries.
Je n'ai pas de frères. I haven't any brothers.

2 Adjectives

An adjective tells you more about a noun.

In French, adjectives agree with the noun, which means that they are masculine, feminine, singular or plural to match the noun.

2.1 Regular adjectives

singular		plural	
masculine	feminine	masculine	feminine

Many adjectives follow this pattern:

grand	grande	grands	grandes
petit	petite	petits	petites

Adjectives which end in -u, -i or -é follow this pattern, but although the spelling changes, they don't sound any different when you say them:

bleu	bleue	bleus	bleues
joli	jolie	jolis	jolies

Adjectives which already end in -e (with no accent) have no different feminine form:

jaune	jaune	jaunes	jaunes

Adjectives which already end in -s have no different masculine plural form:

français	française	français	françaises

Adjectives which end in -er follow this pattern:

cher	chère	chers	chères

Adjectives which end in -eux follow this pattern:

délicieux	délicieuse	délicieux	délicieuses

Some adjectives double the last letter before adding an -e for the feminine form:

gros	grosse	gros	grosses
bon	bonne	bons	bonnes

2.2 Irregular adjectives

Many common adjectives are irregular, and you need to learn each one separately. Here are two common ones:

blanc	blanche	blancs	blanches
long	longue	longs	longues

A few adjectives do not change at all and are known as invariable:

marron	marron	marron	marron

2.3 Word order

In most cases adjectives and words which describe nouns follow the noun. This is different from English.

un film très intéressant	a very interesting film
un sport dangereux	a dangerous sport

All colours and nationalities go after the noun.

un pantalon gris	grey trousers
mon correspondant français	my French penfriend

However, some common adjectives, like *grand*, *petit*, *bon*, *beau* (*belle*) do come in front of the noun.

un grand bâtiment	a large building
un petit chat	a little cat
un bon repas	a good meal
une belle ville	a beautiful city

3 Pronouns

3.1 Subject pronouns

Subject pronouns are pronouns like 'I', 'you', etc. which usually come before the verb:

je	I
tu	you (to a young person, close friend, relative, animal)
il	he, it
elle	she, it
on	one, you, we, they, people in general
nous	we
vous	you (plural; to one adult you don't know well)
ils	they (masculine or mixed group)
elles	they (feminine group)

Claire n'est pas à la maison. **Elle** est au cinéma.	Claire isn't at home. **She's** at the cinema.
Son père est anglais, mais **il** travaille en France.	Her father is English but **he** works in France.

3.2 *moi* (me), *toi* (you)

These words are used to add emphasis and after prepositions.

Moi, je préfère le badminton au tennis.	**Me**, I prefer badminton to tennis.
Et toi, qu'est-ce que tu aimes comme sport?	And what sports do **you** like?
Ma sœur et moi, nous aimons jouer au tennis au parc.	My sister and I like playing tennis in the park.
Tu as ta raquette avec toi?	Do you have your racket with you?
Je passe chez toi samedi matin.	I'll come to your house on Saturday morning.

4 Possession

4.1 Possessive adjectives

Possessive adjectives are words like 'my', 'your', 'his', 'her', 'its', 'our', 'their'. They show who something belongs to. In French, the possessive adjective agrees with the noun that follows (the possession) and not with the owner. Be careful when using *son*, *sa* and *ses*.

	singular			plural
	masculine	feminine	before a vowel	(all forms)
my	mon	ma	mon	mes
your	ton	ta	ton	tes
his/her/its	son	sa	son	ses
our	notre	notre	notre	nos
your	votre	votre	votre	vos
their	leur	leur	leur	leurs

Son, *sa*, *ses* can mean 'his', 'her' or 'its'. The meaning is usually clear from the context.

Paul mange son déjeuner.	Paul is eating his lunch.
Marie mange son déjeuner.	Marie is eating her lunch.
Le chien mange son déjeuner.	The dog is eating its lunch.

Before a feminine noun beginning with a vowel, you use *mon*, *ton* or *son*:

Mon amie s'appelle Nicole.	My (girl)friend is called Nicole.
Où habite ton amie Anne?	Where does your friend Anne live?
Son école est fermée aujourd'hui.	His/Her school is closed today.

4.2 *de* + noun

There is no use of apostrophe 's' in French, so to say Lucie's bag or Marc's book, you have to use *de* + the name of the owner.

C'est le sac de Lucie.	It's Lucie's bag.
C'est le cahier de Marc.	It's Marc's exercise book.

If you don't use a person's name, you have to use the correct form of *de*.

C'est le livre du professeur.	It's the teacher's book.
C'est la voiture de la famille française.	It's the French family's car.
Il est dans la salle des profs.	He is in the staffroom.

4.3 *à* + name

Another way of saying who something belongs to is to use *à* + the name of the owner or an emphatic pronoun (*moi*, *toi* etc.)

C'est à qui, ce livre?	Whose book is this?
C'est à toi?	Is it yours?
Non, c'est à Jean-Pierre.	No, it's Jean-Pierre's.
Ah oui, c'est à moi.	Oh yes, it's mine.

5 Prepositions

A preposition is a word like 'to', 'at' or 'from'. It often tells you where a person or thing is located.

5.1 *à* (to, at)

The word *à* can mean 'to' or 'at'. When it is used with *le*, *la*, *l'* and *les* to mean 'to the . . .' or 'at the . . .', it takes the following forms:

	singular			plural
	masculine	feminine	before a vowel	(all forms)
	au parc	à la piscine	à l'épicerie à l'hôtel	aux magasins

On va au parc?	Shall we go to the park?
Luc va à la piscine.	Luc is going to the pool.
Elle va à l'hôtel.	She's going to the hotel.
Moi, je vais aux magasins.	I'm going to the shops.

The word *à* can be used on its own with nouns which do not have an article (*le, la, les*):
Il va à Paris.   He is going to Paris.

5.2 *de* (of, from)
The word *de* can mean 'of' or 'from'. When it is used with *le, la, l'* and *les* to mean 'of the ...' or 'from the ...', it takes the same forms as when it means 'some' or 'any' (see section **1.4**):

singular			plural
masculine	feminine	before a vowel	(all forms)
du parc	de la piscine	de l'épicerie de l'hôtel	des magasins

The word *de* is often used together with other words, e.g. *en face de* (opposite), *à côté de* (next to), *près de* (near).

La poste est en face des magasins.   The post office is opposite the shops.
La banque est à côté de l'hôtel.   The bank is next to the hotel.
La piscine est près du camping.   The swimming pool is near the campsite.

The word *de* can be used on its own with nouns which do not have an article (*le, la, les*):
Il arrive de Paris.   He is arriving from Paris.

5.3 *en* (by, in, to, made of)
En is used with most means of transport:
en autobus   by bus
en voiture   by car

You use *en* with dates, months and seasons (except *le printemps*)
en 1900   in 1900
en janvier   in January
en hiver   in Winter (but *au printemps* – in Spring)

It is used to say what something is made of:
des bracelets en métal   metal bracelets

5.4 *chez* (to, at the house of)
Rendez-vous chez moi à six heures.   Let's meet at 6.00 at my house.
On va chez mes grands-parents.   We go to my grandparents'.

5.5 *pour* (for)
Pour mon anniversaire, j'ai reçu beaucoup de cadeaux.   For my birthday, I received lots of presents.

5.6 *pendant* (during)
Qu'est-ce que tu fais pendant les vacances?   What do you do during the holidays?

5.7 *avec* (with); *sans* (without)
Je joue au tennis avec mes amis.   I play tennis with my friends.
Je vais prendre du poisson, mais sans sauce.   I'll have the fish but without the sauce.

5.8 Other prepositions
à côté de	beside	entre	between
dans	in	loin de	far from
derrière	behind	près de	near to
devant	in front of	sur	on
en face de	opposite	sous	underneath, below

6 Time, numbers and dates

6.1 Time
Il est une heure/deux heures/trois heures ...

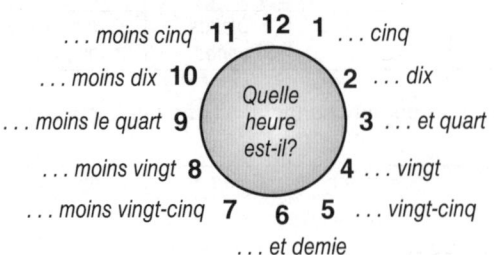

... *moins cinq* 11 12 1 ... *cinq*
... *moins dix* 10   2 ... *dix*
... *moins le quart* 9 *Quelle heure est-il?* 3 ... *et quart*
... *moins vingt* 8   4 ... *vingt*
... *moins vingt-cinq* 7 6 5 ... *vingt-cinq*
... *et demie*

12:00   *Il est midi.*   12:30   *Il est midi et demi.*
        Il est minuit.   *Il est minuit et demi.*

6.2 24-hour clock
The 24-hour clock is used widely in France for times of events, bus and train timetables, etc.
Le train part à treize heures quinze.   The train leaves at 13.15. (1.15pm)

6.3 Numbers
0	*zéro*	30	*trente*
1	*un*	31	*trente-et-un*
2	*deux*	40	*quarante*
3	*trois*	41	*quarante-et-un*
4	*quatre*	50	*cinquante*
5	*cinq*	51	*cinquante-et-un*
6	*six*	60	*soixante*
7	*sept*	61	*soixante-et-un*
8	*huit*	70	*soixante-dix*
9	*neuf*	71	*soixante-et-onze*
10	*dix*	72	*soixante-douze*
11	*onze*	80	*quatre-vingts*
12	*douze*	81	*quatre-vingt-un*
13	*treize*	82	*quatre-vingt-deux*
14	*quatorze*	90	*quatre-vingt-dix*
15	*quinze*	91	*quatre-vingt-onze*
16	*seize*	100	*cent*
17	*dix-sept*	200	*deux cents*
18	*dix-huit*	720	*sept-cent-vingt*
19	*dix-neuf*	1000	*mille*
20	*vingt*	2012	*deux mille douze*
21	*vingt-et-un*		*premier (première)* first
22	*vingt-deux*		*deuxième* second
23	*vingt-trois*		*troisième* third

6.4 Days of the week
lundi	Monday	*vendredi*	Friday
mardi	Tuesday	*samedi*	Saturday
mercredi	Wednesday	*dimanche*	Sunday
jeudi	Thursday		

6.5 Months of the year
janvier	January	*juillet*	July
février	February	*août*	August
mars	March	*septembre*	September
avril	April	*octobre*	October
mai	May	*novembre*	November
juin	June	*décembre*	December

6.6 The date
Le premier mai, c'est une fête en France.   1st May is a holiday in France.
Mon anniversaire est le 2 septembre.   My birthday is on 2nd September.

6.7 in, on, at + days/time of day

There is no word for 'in' or 'on' or 'at' in the following expressions:

Le lundi, je vais à la piscine.	On Mondays I go to the swimming pool.
Qu'est-ce que tu fais le soir?	What do you do in the evenings?

7 The negative

To say what is **not** happening or **doesn't** happen (in other words to make a sentence negative), you put *ne* (*n'* before a vowel) and *pas* round the verb.

*Il **n'**y a **pas** de cinéma*	There is no cinema.
*Je **ne** joue **pas** au badminton.*	I don't play badminton.
*Elle **ne** mange **pas** de viande.*	She doesn't eat meat.

Remember to use *de* after the negative instead of *du, de la, des, un,* or *une,* (except with the verb *être*):

Avez-vous du lait?	Have you any milk?
Non, il n'y a pas de lait.	No, there isn't any milk.

8 Questions

8.1 Question words

Qui est-ce?	Who is it?
Quand arrivez-vous?	When are you arriving?
Comment est-il?	What is it/he like?
Comment ça va?	How are you?
Il y a combien d'élèves dans votre classe?	How many pupils are there in your class?
Qu'est-ce que c'est?	What is it?
C'est à quelle heure, le concert?	What time is the concert?
Où est le chat?	Where's the cat?
Qu'est-ce qu'il y a à la télé?	What's on TV?
De quelle couleur est ton sac?	What colour is your bag?
Quel temps fait-il?	What's the weather like?
Pourquoi?	Why?

8.2 Asking questions

There are several ways of asking a question in French.

- You can just raise your voice in a questioning way:

Tu as des frères?	Do you have brothers?

- You can add *Est-ce que* to the beginning of the sentence:

Est-ce que tu as un animal?	Do you have a pet?

- You can turn the verb around:

Jouez-vous au badminton?	Do you play badminton?

- You can use *Qu'est-ce que (qu') … ?* meaning 'What … ?'.

Qu'est-ce qu'il fait?	What is he doing?
Qu'est-ce que tu prends au petit déjeuner?	What do you have for breakfast?

- You can use a question word, e.g.

Combien (de)?	How much? How many?
Comment?	How?
Où?	Where?
Pourquoi?	Why?
Quand?	When?
Qui?	Who?

- The word *quel* (which …, what …) changes its form, like an adjective:

Quel temps fait-il?	What's the weather like?
Quelle heure est-il?	What time is it?
Quels sont tes sports préférés?	What are your favourite sports?
Quelles matières préférez-vous?	Which school subjects do you prefer?

8.3 *Pourquoi? Parce que …*

The question *Pourquoi?* (Why?) is often answered by the phrase *parce que (qu')* … (because).

Tu n'aimes pas l'anglais. Pourquoi?	You don't like English. Why?
Parce que c'est ennuyeux.	Because it's boring.

9 Connectives

Connectives (or conjunctions) link ideas together and enable you to write more complex sentences.

et	and	*où*	where
mais	but	*quand*	when
ou	or	*comme*	as
parce que (qu')	because		

Mon frère ne mange pas de légumes, mais il adore le chocolat et les gâteaux.	My brother doesn't eat vegetables, but he loves chocolate and cakes.
Le magasin, où mon père travaille, est près d'ici.	The shop, where my father works, is near here.

10 Adverbs

Adverbs usually tell you how, when, how often or where something happened or how much something is done.

Adverbs of time:

aujourd'hui	today
ce matin	this morning
bientôt	soon
maintenant	now
d'abord	first of all
puis	next
ensuite	then, next
après	after(wards)
plus tard	later
finalement	finally
demain	tomorrow

Adverbs of frequency:

de temps en temps	from time to time
normalement	normally
quelquefois	sometimes
souvent	often

Adverbs of place:

ici	here
là-bas	over there
loin	far
près (de)	near (to)
à gauche (de)	to the left (of)
à droite (de)	to the right (of)
en face (de)	opposite
tout près	nearby

Adverbs of manner:

bien	well
lentement	slowly
mal	badly
vite	quickly

Qualifiers, intensifiers or adverbs of degree:

These tell you more about another adverb.

assez	quite
beaucoup	alot, much
plus	more
très	very

*Je joue **assez** souvent au tennis.*	I play tennis **quite** often.

*Parlez **plus** lentement, s'il vous plaît.* — Speak **more** slowly, please.
*Il fait **très** froid ici.* — It's **very** cold here.

11 Verbs

Most verbs describe what people or things are doing or what is happening.

Je regarde un film. — I am watching a film.
Je passe le weekend ici. — I'm spending the weekend here.

11.1 Infinitive

This is the form of the verb which you would find in a dictionary. It means 'to ...', e.g. *parler* – to speak. The infinitive never changes its form. From the infinitive, you have to choose the correct part of the verb to go with the subject (*je*, *tu*, *Hugo*, *les élèves*, etc.).

Verbs are often set out in a special way (known as a **paradigm**) in verb tables and grammar books.

11.2 Tense

The **tense** of the verb tells you when something happens, is happening, is going to happen or has happened. In Stage 1, you have mainly used the present tense, but you have also used some examples of the future (*aller* + infinitive) and the perfect tense (*j'ai joué, j'ai fait*). You will learn more about different tenses in Stage 2.

11.3 The present tense

The present tense describes what is happening now, at the present time or what happens regularly.

There is only one present tense in French.

Je travaille ce matin. — I am working this morning.
Elle joue au tennis. — She plays tennis.
Il parle anglais. — He does speak English.

11.4 Some regular -er verbs

All regular -er verbs, including the verbs listed below, follow the same pattern as *parler*.

adorer	to love, adore	jouer	to play
aimer	to like, love	penser	to think
arriver	to arrive	regarder	to watch, look at
chercher	to look for	rentrer	to come back
cliquer	to click	rester	to stay
détester	to hate	surfer	to surf
écouter	to listen to	taper	to type
entrer	to enter	téléphoner	to phone
habiter	to live in	travailler	to work

11.5 Slightly irregular -er verbs

Some verbs are only slightly different.

The second accent on *préférer* changes to a grave accent in the singular and in the 3rd person plural.

préférer	je	préfère	nous	préférons
(to prefer)	tu	préfères	vous	préférez
	il/elle/on	préfère	ils/elles	préfèrent

Verbs like *manger*, *ranger* and *partager* have an extra -e- in the *nous* form. This is to make the *g* sound soft, as in *géographie*.

manger	je	mange	nous	mangeons
(to eat)	tu	manges	vous	mangez
	il/elle/on	mange	ils/elles	mangent

In *commencer*, the *nous* form has a *ç* (c cedilla) to make the *c* sound 'soft' (as in *centre*) rather than 'hard' (as in *combien*).

commencer	je	commence	nous	commençons
(to begin)	tu	commences	vous	commencez
	il/elle/on	commence	ils/elles	commencent

Another verb that follows this pattern is *lancer* – to throw.

A regular -er verb

The part of the verb which stays the same is called the **stem** – in this case *parl-*.

Each pronoun (*je*, *tu*, *il* etc. – the **person** of the verb) has its own matching ending, e.g. *nous parlons*, *ils parlent*.

Most of the endings of -er verbs sound the same or are silent, although they are not spelt the same. Only these two **sound** different.

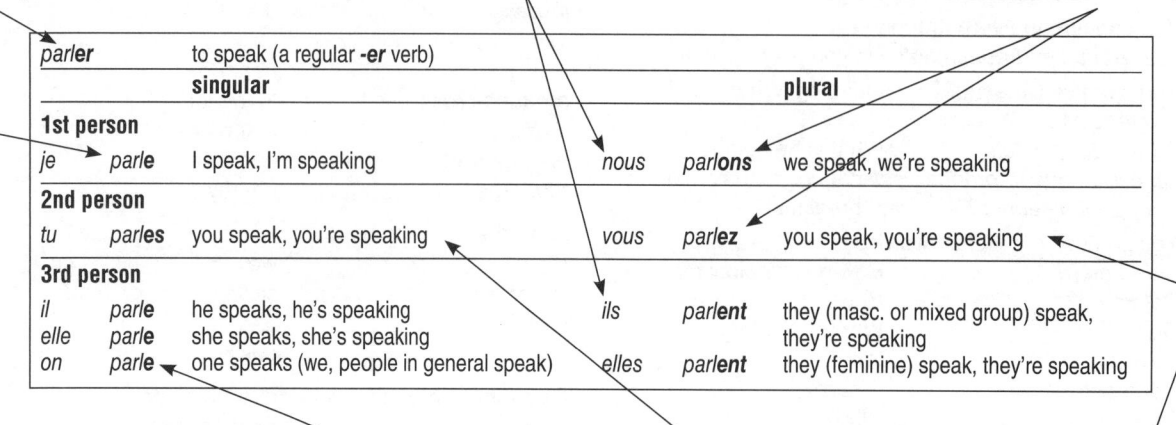

parler		to speak (a regular -er verb)			
	singular			**plural**	
1st person					
je	parle	I speak, I'm speaking	nous	parlons	we speak, we're speaking
2nd person					
tu	parles	you speak, you're speaking	vous	parlez	you speak, you're speaking
3rd person					
il	parle	he speaks, he's speaking	ils	parlent	they (masc. or mixed group) speak, they're speaking
elle	parle	she speaks, she's speaking			
on	parle	one speaks (we, people in general speak)	elles	parlent	they (feminine) speak, they're speaking

The bit that changes is called the **ending**, e.g. -er, -e and all the parts in bold type in this box.

Use *tu* for
- a friend
- a close relative
- someone of the same age or younger
- an animal.

Use *vous* for
- two or more people
- an older person.

11.6 Reflexive verbs

Reflexive verbs are used with a reflexive pronoun (myself, yourself, himself, herself) and often have the meaning of doing something to oneself, e.g. *je m'appelle* (I call myself). They are listed in a dictionary with the reflexive pronoun *se* in front of the infinitive, e.g. *se lever* – to get up. You will learn more about reflexive verbs later in the course.

Here are some examples, which occur in this book.

Je me lève.	I get (myself) up.
Je me couche.	I go to bed. (lit. I lay myself down.)
Comment tu t'appelles?/ Comment t'appelles-tu?	What's your name? (lit. What do you call yourself?)
Lève-toi!	Stand up!
Elle s'appelle Sophie.	She's called Sophie.

11.7 Imperative

To tell someone to do something, you use the imperative or command form of the verb.

The *tu* form is used when the instruction is for an individual student. With **-er** verbs, the pronoun *tu* and the final **-s** on the verb are omitted.

Écoute la conversation.	Listen to the conversation.

With other verbs, the final **-s** is not dropped.

Écris la bonne lettre.	Write the correct letter
Lis le texte.	Read the text.

When a teacher talks to two or more students, the *vous* form is used. The pronoun *vous* is omitted.

Rangez vos affaires.	Put your things away.

11.8 *aller* + infinitive

You can use the present tense of the verb *aller* followed by an infinitive to talk about the future and describe what you are going to do.

Qu'est-ce que vous allez faire ce weekend?	What are you going to do this weekend?
Je vais passer le weekend à Paris.	I'm going to spend the weekend in Paris.

11.9 Uses of *jouer*

jouer de	to play (musical instruments)
jouer à	to play (sports, games)

Tu joues d'instrument de musique?
Do you play a musical instrument?

Oui, je joue du violon.
Yes, I play the violin.

Vouz jouez au volley?
Do you play volleyball?

Non, on joue au hockey.
No, we play hockey.

Je joue aux cartes avec mes amis.
I play cards with my friends.

11.10 Uses of *avoir*

In French, *avoir* is used for certain expressions where the verb 'to be' is used in English:

J'ai quatorze ans.	I'm fourteen.
Tu as quel âge?	How old are you?

Two common expressions with *avoir* are:

il y a	there is, there are
il n'y a pas	there isn't, there aren't

11.11 Uses of *faire*

The verb *faire* is used with weather phrases.

Il fait beau.	The weather's fine.

It is also used to describe some activities and sports.

faire des courses	to go shopping
faire de l'équitation	to go horse-riding

11.12 Verb + infinitive

Sometimes a verb is used with the infinitive of a second verb.

Est-ce que tu aimes écouter de la musique?	Do you like listening to music?
Oui, mais je préfère faire du sport.	Yes, but I prefer doing sport.
Moi, je déteste jouer au hockey.	Me, I hate playing hockey.
J'adore utiliser l'ordinateur.	I love using the computer.

11.13 Irregular verbs

aller to go	je vais	nous allons
	tu vas	vous allez
	il/elle/on va	ils/elles vont
avoir to have	j'ai	nous avons
	tu as	vous avez
	il/elle/on a	ils/elles ont
dire to say	je dis	nous disons
	tu dis	vous dites
	il/elle/on dit	ils/elles disent
écrire to write	j'écris	nous écrivons
	tu écris	vous écrivez
	il/elle/on écrit	ils/elles écrivent
être to be	je suis	nous sommes
	tu es	vous êtes
	il/elle/on est	ils/elles sont
faire to do, make	je fais	nous faisons
	tu fais	vous faites
	il/elle/on fait	ils/elles font
mettre to put	je mets	nous mettons
	tu mets	vous mettez
	il/elle/on met	ils/elles mettent
prendre to take	je prends	nous prenons
	tu prends	vous prenez
	il/elle/on prend	ils/elles prennent

11.14 The perfect tense

The perfect tense is used to talk about what happened in the past (last weekend, etc.). It is made up of two parts.

	French	English
past	*j'ai joué* *j'ai fait*	I played, I have played I did, I have done

Most verbs form the perfect tense using part of *avoir*.

Some verbs form the past tense using part of *être*.

	je suis allé(e)*	I went

* add an **-e** for a girl or a woman

Qu'est-ce que tu as fait samedi dernier?	What did you do last Saturday?
J'ai joué au foot au parc.	I played football in the park.
Tu as passé un bon weekend?	Did you have a good weekend?
Oui, je suis allé(e) au cinéma.	Yes, I went to the cinema.

GRAMMAR IN ACTION

Tricolore
5ᵉ édition

Tricolore 5ᵉ édition provides the engaging topics and solid grammar progression that enable your students to shine at Key Stage 3 and beyond. Combining the tried and trusted Tricolore approach with modern themes and flexible online resources, it's the only course with the heritage, rigour and flair to challenge the most able, while supporting progressive learning.

Each Grammar in Action workbook includes:

- clear explanations to aid understanding of grammar rules and applications
- differentiated grammar exercises to allow students to work at an appropriate pace and level
- exercises suitable for classroom use, for self-study or for homework
- grammar notes at the back for easy reference.

Time-saving and easy to use, each book provides useful reference material for students to retain for revision at a later stage.

Components:

Student's Book 1	978 1 4085 2418 3
Teacher's Book 1	978 1 4085 2419 0
Audio CD Pack 1	978 1 4085 2740 5
Grammar in Action pack 1 (pack of 8)	978 1 4085 2743 6
kerboodle Online Resource	978 1 4085 2420 6

kerboodle

The course is fully blended with Kerboodle, providing all your additional resources in one place, accessible at school and at home.

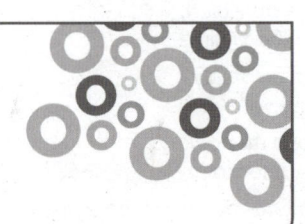

OXFORD UNIVERSITY PRESS

How to get in touch:
web   www.oxfordsecondary.co.uk
email   schools.enquiries.uk@oup.com
tel   +44 (0)1536 452620
fax   +44 (0)1865 313472

ISBN 978-0-19-835284-6